Kleines Wörterbuch der *«faux amis»*
Deutsch-Französisch / Französisch-Deutsch

Kleines Wörterbuch der «*faux amis*»

Deutsch-Französisch
Französisch-Deutsch

von Helmut Kühnel

Verlag Enzyklopädie Leipzig

Kühnel, Helmut:
Kleines Wörterbuch der „faux amis“ :
Dt.-Franz.
Franz.-Dt. / von Helmut Kühnel. –
4., unveränd. Aufl. – Leipzig :
Verlag Enzyklopädie, 1990. – 127 S.

ISBN 3-324-00209-5

ISBN 3-324-00209-5

0847/040 13790
Printed in the German Democratic Republic
Gesamtherstellung:
INTERDRUCK Graphischer Großbetrieb Leipzig
III/18/97
Einbandgestaltung: Jürgen Mesik, Leipzig
Best.-Nr. 576 697 4
5,00 M

Vorwort

Dieses Wörterbuch ist ein Spezialwörterbuch. Es will dazu beitragen, besonders diejenigen sprachlichen Fehlleistungen abzubauen, die sich aus der Existenz der sogenannten «faux amis» oder «falschen Freunde» ergeben.

In das vorliegende kleine Wörterbuch, das sich in einen deutsch-französischen Teil (mit etwa 1400 Stichwörtern) und einen französisch-deutschen Teil (mit etwa 900 Stichwörtern) gliedert und die Belange des Anfängers wie des Fortgeschrittenen zu berücksichtigen sucht, haben faux amis folgender Kategorien Aufnahme gefunden:

1. Wörter, die – durch gleiche Herkunft oder Entlehnung – in beiden Sprachen in gleicher oder sehr ähnlicher Form existieren und deshalb auch in Bedeutung und Anwendung Deckungsgleichheit vermuten lassen. Diese vermeintlichen «Freunde» des Sprechers oder Übersetzers erweisen sich aber bei genauerer Betrachtung als «falsche Freunde» – faux amis, weil sie im Lauf der sprachlichen Entwicklung in der einen oder anderen Sprache eine abweichende Bedeutung angenommen haben. Zum Beispiel ist das deutsche «Parterre» nicht (mehr) mit dem französischen Wort «parterre», von dem es stammt, identisch. Frz. «net» hat nicht die Bedeutung von dt. «nett». Ein «stipendié» ist kein «Stipendiat» usw. Bei Wortpaaren dieser Art wird in dem vorliegenden Wörterbuch auf den im anderen Teil verzeichneten faux ami verwiesen.[1]

[1] Im französisch-deutschen Teil wurde in einigen Fällen das völlig gleich oder sehr ähnlich lautende deutsche Wort zwar als faux ami angezeigt, ein Verweis auf den anderen Teil unterblieb aber, weil der Benutzer das deutsche Wort im deutsch-französischen Teil kaum als faux ami vermuten und suchen dürfte (vgl. hase).

In die Gruppe dieser «semantischen», d.h. die Bedeutung sprachlicher Einheiten betreffenden faux amis gehören auch solche, bei denen sich zu dem bedeutungsgleichen Äquivalent zusätzlich noch abweichende Bedeutungen entwickelt haben. So ist frz. «bureau» zwar richtig mit «Büro» übersetzt, es hat aber außerdem die Bedeutung «Schreibtisch».

2. Wortpaare, die sich in der Wortbildung oder auch lautlichen Struktur voneinander unterscheiden: dt. katastrophal – frz. catastrophique; dt. Anonymität – frz. anonymat; dt. Choreographie – frz. chorégraphie usw.

Solche strukturellen faux amis erscheinen – als Hilfe für den deutschsprachigen Benutzer – in wesentlich größerer Zahl im deutsch-französischen Teil, fehlen aber selbstverständlich auch im französisch-deutschen Teil nicht. Sie dienen hier speziell französischsprachigen Benutzern zur Orientierung; denn Wörter wie botaniste, catastrophique, chimie, amnistie u.a. können sich auch für diesen Nutzerkreis beim Übersetzen ins Deutsche als faux amis erweisen. Andererseits ist es durchaus möglich, daß wenig gebräuchliche Fremd- oder Fachwörter auch dem deutschsprachigen Benutzer nicht ohne weiteres geläufig sind und daß demzufolge die Struktur des faux ami zu Fehlbildungen im Deutschen verleitet.[2]

3. Wörter, die zwar völlig französisch «aussehen» und tatsächlich auch aus französischem Stamm und französischen Ableitungssilben gebildet sind, im Französischen aber gar nicht bzw. nicht mehr oder nur in ganz fachspezifischer Bedeutung existieren. Solche pseudofranzösischen Wörter sind z.B. Hasardeur, Blamage, Raffinesse usw.[3]

[2] Die Übersicht auf Seite 11ff. gibt darüber Aufschluß, welche Ableitungssilben (Wortbildungsmorpheme) im Deutschen und Französischen in der Regel einander entsprechen. Liegt eine solche Übereinstimmung nicht vor, so fanden die betreffenden Wortpaare als faux amis Aufnahme in das Wörterbuch.

4. Wortpaare, bei denen besonders auf die unterschiedliche Rektion zu achten ist, z. B. dt. abonnieren – frz. s'abonner à.

5. Wortpaare, die Unterschiede in der Schreibung aufweisen, z. B. dt. Rhythmus – frz. rythme, dt. Aggression – frz. agression u. a.[4]

6. Wortpaare mit unterschiedlichem Genus (grammatischem Geschlecht), z. B. dt. die Vase – frz. le vase, dt. der Likör – frz. la liqueur, dt. die Gage (Singular) – frz. les gages (Plural).[5]

Das Wörterbuch erfaßt den modernen allgemeinsprachlichen Wortschatz beider Sprachen sowie eine große Anzahl fachsprachlicher Termini. Einige ältere oder nur noch wenig gebräuchliche Wörter wurden aus sprachgeschichtlichem Interesse ebenfalls aufgenommen. Die Wortauswahl beruht auf der zielgerichteten Durchsicht verschiedener kleiner und großer einsprachiger wie zweisprachiger Wörterbücher der deutschen und französischen Sprache sowie auf eigenen Sammlungen aus modernen Tageszeitungen und Fachzeitschriften und nicht zuletzt auf Erfahrungen aus der Unterrichtspraxis.

Nicht immer war es einfach, darüber zu befinden, welches Wort eindeutig und welches als potentieller faux ami anzusehen sei. Das gilt für manche strukturellen faux amis, aber auch für viele Wörter, die allgemein als «Internationalismen» angesehen werden und bei denen man deshalb dazu neigt,

[3] Sie sind in diesem Wörterbuch mit einem Sternchen (*) versehen.

[4] Die orthographischen faux amis wurden – von beiden Sprachen ausgehend – in alphabetischen Listen jeweils am Ende der beiden Wörterbuchteile erfaßt.

[5] Wie die orthographischen faux amis sind diese Wortpaare in gesonderten Listen zusammengestellt.

Form- und Bedeutungsgleichheit anzunehmen. In den Zweifelsfällen wurde zugunsten des Anfängers über die Aufnahme von Wörtern in dieses kleine Nachschlagewerk entschieden.

Wie die Sprache insgesamt, so sind auch die faux amis dem Wandel unterworfen. Manches Wort, das vor Jahren als faux ami galt, kann heute nicht mehr als solcher angesehen werden (z. B. Billion); mancher der in dieses Wörterbuch aufgenommenen «falschen Freunde» wird zuweilen schon in der Bedeutung des jeweiligen Pendants gebraucht (vgl. etwa ignorieren, Film, Phantasie u. a.).

Polyseme, d. h. mehrdeutige Wörter sind nur mit ihren gängigsten Bedeutungen und Bedeutungsunterschieden in den beiden verglichenen Sprachen verzeichnet.[6]

Wörter mit stark voneinander abweichenden Bedeutungen und unterschiedlicher Etymologie wurden grundsätzlich unter einem Stichwort, lediglich durch Zahlen getrennt, aufgeführt (vgl. carrière, charme, somme).

Das Kleine Wörterbuch der «faux amis» erhebt keinen Anspruch auf Vollständigkeit. Es will einen Beitrag zu einem wichtigen Teilgebiet der Lexikologie leisten und ein einfacher, handlicher Ratgeber für alle jene Benutzer sein, die den französischen und deutschen Wortschatz noch sicherer und korrekter handhaben möchten. Sie alle soll es anregen, von der Basis des vorliegenden kleinen Nachschlagewerkes ausgehend, durch eigene Nachforschungen und Ergänzungen, eventuell erforderliche Korrekturen und die daraus resultierenden Hinweise an den Verlag ihrerseits zur Vervollkommnung und Vervollständigung dieses kleinen Wörterbuchs beizutragen.

[6] Der optischen Hervorhebung bedeutungsgleicher Äquivalente dienen Winkelklammern.

An dieser Stelle ist es mir ein Bedürfnis, Herrn Dr. Eckart Graf, Halle, sowie Frau Nicole Krüger-Guilland, Halle, für ihre wertvollen Hinweise und Verbesserungsvorschläge in den Gutachten herzlich zu danken. Ganz besonders danke ich auch Frau Regina Männel, Leipzig, für die hilfreiche redaktionelle Betreuung des Manuskripts.

Der Autor

Inhaltsverzeichnis

Auswahlprinzipien für die häufigsten strukturellen faux amis

Es erfolgte Aufnahme, wenn:

Deutsch	≠[7]	*Französisch*	*Beispiele*
-ade		-ade	Blockade – blocus; Schokolade – chocolat
-age		-age	Plantage – plantation
-al(isch)		-al	Personal – personnel; katastrophal – catastrophique; musikalisch – musicien
-an		-an	momentan – momentané
-aner		-ain	Liliputaner – lilliputien
-ant		-ant	Kapitulant – capitulard; riskant – risqué
-at		-at	Zitat – citation; separat – séparé
-ation		-ation	Eskalation – escalade; Konjugation – conjugaison
-ar(isch)		-aire	Archivar – archiviste; atomar – atomique; proletarisch – prolétarien
-är		-aire	familiär – familial/familier

[7] ≠ bedeutet: ungleich, nicht gleich

Deutsch ≠	*Französisch*	*Beispiele*
-arium	-arium	Herbarium – herbier; Szenarium – scénario
-ell	-el	finanziell – financier
-ent	-ent	Konsument – consommateur
-enz	-ence	Tendenz – tendance
-erie	-erie	Pikanterie – piquant
-esse	-esse	Raffinesse– raffinement
-ette	-ette	Motette – motet
-eur	-eur	Bankrotteur – banqueroutier
-euse	-euse	Balletteuse – ballerine
-ie	-ie	Orthographie – orthographe; Despotie – despotisme
-ier	-ier	Brevier – bréviaire; Turnier – tournoi
-ieren	-er	harmonieren – harmoniser; parodieren – parodier
-iert	-é	talentiert – talentueux
-ik *unbetont*	-ique	Akrobatik –acrobatie
-iker	-icien	Botaniker – botaniste
in- (il- *usw.*)	in- (il- *usw.*)	inoffiziell – non officiel; illoyal – déloyal
-isch	-ique	dämonisch – démoniaque; alkalisch – alcalin
-isieren	-iser	kritisieren – critiquer

-ist(isch)	-iste	Revanchist – revanchard; Polizist – policier; stilistisch – stylistique; philatelistisch – philatélique
-ität	-ité	Rarität – rareté; Anonymität – anonymat
-iv	-if	konservativ – conservateur
-orisch	-oire	informatorisch – informatif
-orium	-oire	Oratorium – oratorio
-ös	-eux	monströs – monstrueux; kariös – carié
-tion	-tion	Lektion – leçon
-um	-um	Publikum – public
-ur, -üre	-ure	Dressur – dressage; Professur – professorat; Agentur – agence
-us	-us	Tetanus – tétanos
-ø *Nullsuffix*	-ø	Infarkt – infarctus; Prospekt – prospectus; Anatom – anatomiste; Biologe – biologiste; Chirurg – chirurgien; Protest – protestation; Export – exportation; paradox – paradoxal

Aufnahme in den französisch-deutschen Teil erfolgte außerdem, wenn:

Französisch ≠	*Deutsch*	*Beispiele*
-able	-abel	insolvable – insolvent
-ance	-anz	correspondance – Korrespondenz
-esque	-esk	gigantesque – gigantisch
-eur	-eur	catalyseur – Katalysator; littérateur – Literat
-ier	-ier	policier – Polizist
-isme	-ismus	athlétisme – Athletik

Abkürzungen

Abk	Abkürzung
Abl	Ableitung
Adj	Adjektiv
Adv	Adverb
allg	allgemein
Anat	Anatomie
Arch	Architektur
Astr	Astronomie
Bed	Bedeutung
Bergb	Bergbau
bes	besonders, vor allem, in erster Linie
Biol	Biologie
Bot	Botanik
Buchw	Buchwesen
Chem	Chemie
El	Elektrotechnik
f	feminin, weiblich
fam	familiär, lässig
Fin	Finanzwesen
Geogr	Geographie
Geom	Geometrie
Ggs	Gegensatz
Gramm	Grammatik
Hdl	Handel
Hist	Geschichte
Hochsch	Hochschulwesen
Hotelw	Hotelwesen
Interj	Interjektion
intr	intransitiv

i. e. S.	im engeren Sinn
i. v. B.	in verschiedenen (mehreren) Bedeutungen
i. w. S.	im weiteren Sinn
Jur	Rechtswesen
kap Ges	kapitalistische Gesellschaft
Kfz	Kraftfahrzeugtechnik
Kochk	Kochkunst
Landw	Landwirtschaft
Ling	Linguistik, Sprachwissenschaft
Lit	Literatur(wissenschaft)
m	maskulin, männlich
Mal	Malerei
Math	Mathematik
Med	Medizin
Mil	Militärwesen
mod	modern(e Bedeutung)
Mus	Musik
n	neutral, sächlich
Neol	Neologismus, Neuprägung
Ök	Ökonomie
Part Perf	Partizip Perfekt
Pharm	Pharmazie
Phys	Physik
Pl	Plural
Pol	Politik
pop	«populaire», teils Argot
pos	positive Bedeutung
Psych	Psychologie
q.	quelqu'un
qch.	quelque chose
Raumsch	Raumschiffahrt
refl	reflexiv
Rel	Religion

scherzh	scherzhaft
soz Ges	sozialistische Gesellschaft
Soziol	Soziologie
spez	Spezial-, Sonderbedeutung
Subst	Substantiv
Tech	Technik
Tel	Fernsprechwesen
Theat	Theater
tr	transitiv
TV	Fernsehen
Typ	Typographie
übertr	übertragen
umg	umgangssprachlich, «courant»
unv	unveränderlich
verächtl	verächtlich
veralt	veraltet
Zool	Zoologie
Zus	Zusammensetzung(en)

Zeichen

→	verweist auf den faux ami im anderen Teil des Wörterbuchs
●	markiert den Verweis auf den faux ami
⟨ ⟩	kennzeichnet Bedeutungsgleichheit, also: kein faux ami!
*	kennzeichnet, daß ein entsprechendes Lexem (Wort, Wortstamm) im Französi-

	schen nicht bzw. nicht mehr oder nur in ganz fachspezifischer Bedeutung existiert
=	verweist von einem Stichwort auf ein anderes im selben Teil des Wörterbuchs
()	umschließt erläuternde, fakultative oder variable Teile von Wortverbindungen
[]	umschließt fakultative Teile eines Wortes (meist orthographische Varianten)
«»	kennzeichnet einen umgangssprachlichen Ausdruck
,	trennt Synonyme (fast gleichbedeutende Wörter)
;	trennt nichtsynonyme Bedeutungen innerhalb eines Sachgebiets
1. ...; 2. ...	trennt stärker voneinander abweichende Bedeutungen
I. ...; II. ...	kennzeichnet Wortarten oder transitiven und intransitiven Gebrauch bei Verben
~	ersetzt das Stichwort in Komposita und Wortverbindungen

Deutsch-Französisch

A

Abbreviatur *f Abkürzung* abréviation *f*
Abitur* *n* baccalauréat *m*
Abiturient* *m* bachelier *m*
abnorm *Adj* anormal
Abnormität *f* anomalie *f*
Abonnent *m* abonné *m*
abonnieren *tr:* **eine Zeitung ~** s'abonner à un journal
Absolvent *m* candidat *m*
absolvieren *tr* 1. *Schule* terminer; *Studium* achever, terminer; 2. *Prüfung* passer
Adaption *f* adaptation *f*
Admiral *m* amiral *m*
Admiralität *f* amirauté *f*
Adressat *m* destinataire *m*
adrett *Adj* 1. *nett* gentil; 2. *sauber* propre, chic
Advent *m Rel* avent *m*
Advokat *m* avocat *m*
Affekt *m* affection *f*; **ein im ~ begangenes Verbrechen** un crime passionnel
Agentur *f* agence *f*
Agitation *f* propagande *f*
● *nicht* → agitation
Agitator *m* propagandiste *m*
● *nicht* → agitateur
agitieren *intr* faire de la propagande
● *nicht* → agiter

Akademiker *m* universitaire *m*
● *nicht* → académicien
akademisch *Adj* 1. *auf eine Akademie bezogen, zu einer Akademie gehörig* ⟨académique⟩; 2. *Bildung* universitaire
Akklimatisation *f* acclimatation *f*
akklimatisieren (sich) *tr (refl)* (s')acclimater
Akkreditiv *n* 1. *Beglaubigungsschreiben eines Diplomaten* lettres *f/Pl* de créance; 2. *Kreditbrief* ⟨accréditif *m*⟩
akkurat* *Adj* exact
Akkuratesse* *f* exactitude *f*
Akrobatik *f* acrobatie *f*
Akt *m* 1. *Handlung, Tat* acte *m auch Theat,* action *f*; 2. *Mal* nu *m,* académie *f*
Akte *f Jur* acte *m*; *Aktensammlung* dossier *m*
Aktie(n) *f(Pl) Ök* action(s) *f(Pl)*
Aktivist *m* 1. *soz Ges* ouvrier *m* pilote, travailleur *m* de pointe, *SU* stakhanoviste *m*; 2. *(politisch) zielbewußt Handelnder* ⟨activiste *m*⟩, militant *m*
akut *Adj Med* aigu
Akzept *n Hdl* acceptation *f*
Akzise *f Hdl* octroi *m*
Alarm *m* alerte *f, seltener* ⟨alarme *f*⟩; **falscher** ~ fausse alerte; ~ **schlagen** donner l'alerte; ~**anlage** *f* système *m* d'alerte; ~**zustand** *m*: **in** ~**zustand** en état d'alerte
alarmieren *tr* 1. *Polizei u. ä.* alerter; 2. *beunruhigen* ⟨alarmer⟩
alarmierend *Adj beunruhigend* ⟨alarmant⟩, inquiétant
Albino *m* albinos *m*
alchimistisch *Adj* alchimique
algebraisch *Adj* algébrique
Alimente *Pl* pension *f* alimentaire; *Jur auch* ⟨aliments⟩
alkalisch *Adj Chem* alcalin
Allee *f breite Straße* avenue *f*; *Weg in einem Garten, Park* ⟨allée *f*⟩

Alpinistik *f* alpinisme *m*
Alt *m Mus* alto *m*
Altar *m* autel *m*
ambulant *Adj:* **~e Behandlung** *Med* traitement *m* ambulatoire
Ambulanz *f* dispensaire *m*
● *nicht* → ambulance
Ambulatorium *n* dispensaire *m* ambulatoire
● *nicht* → ambulatoire *(Adj)*
Amnestie *f* amnistie *f*
Amor *m* Amour *m*, Cupidon *m*
Amoralität *f* amoralisme *m*
Amortisation *f* amortissement *m*
amortisieren *tr* amortir
anachronistisch *Adj* anachronique
Analgetikum *n Med* analgésique *m*
analgetisch *Adj* analgésique
Analysator *m Gerät* analyseur *m*
Analytiker *m* analyste *m*
Anatom *m* anatomiste *m*
anglisieren *tr* angliciser
Anglist *m* angliciste *m*, anglisant *m*
annektieren *tr* annexer
Anonymität *f* anonymat *m*
anorganisch 1. inorganique; **~e Substanzen** substances *f/Pl* inorganiques; 2.: **~e Chemie** chimie *f* minérale *od* inorganique
Antike *f Altertum* antiquité *f*
● *nicht* → antique
Antiqua *f Typ* caractères *m/Pl* romains
Antiquar *m Buchhändler* bouquiniste *m*
● *nicht* → antiquaire
Antiquariat *n* bouquinerie *f*

antiquarisch *Adj* d'occasion
apart *Adj* particulier, chic, distingué
aphoristisch *Adj* aphoristique
Apotheke* *f* pharmacie *f*
Apparat *m* appareil *m*
● *nicht* → apparat
Apparatur *f* appareillage *m*
appellieren *intr* faire appel, en appeler (**an** à)
applaudieren *intr* applaudir (**jmdm.** q.)
Applaus *m* applaudissements *m/Pl*
Appretur *f* apprêt *m*
Aquamarin *m* aigue-marine *f*
Aquarell *n* aquarelle *f*
Aquaristik *f* aquariophilie *f*
Arboretum *n* jardin *m* botanique; *in Paris* jardin *m* des plantes
architektonisch *Adj* 1. *auf die Architektur bezogen, baulich* architectural; 2. *baukünstlerisch* ⟨architectonique⟩
Archiv *n* archives *f/Pl*
Archivalien *f/Pl* archives *f/Pl*
Archivar *m* archiviste *m*
Arie *f* air *m*; **die große ~ der Tosca** le grand air de la Tosca; **eine ~ von J. S. Bach** une aria de J. S. Bach
Arrest *m Strafe* arrêts *m/Pl*
Arrestant *m* détenu *m*
Artillerist *m Mil* artilleur *m*
Artist *m* acrobate *m*
● *nicht* → artiste
Artistik *f* acrobatie *f*
Asomnie *f Med* insomnie *f*
Aspirant *m Hochsch* aspirant *m* (au doctorat), *fam* «thésard» *m*
Aspirantur *f* poste *m* d'un aspirant (au doctorat)

atavistisch *Adj* atavique
Atelier *n Maler, Bildhauer, Schneider* ⟨atelier, *m*⟩; *Film, TV* studio *m*
Atheist *m* athée *m*
atheistisch *Adj* athée
Athletik *f* athlétisme *m*
atomar *Adj* atomique
Attest *n* certificat *m*, attestation *f*
Attraktivität* *f* attraction *f*
Attrappe *f* article *m od* étalage *m* factice
● *nicht* → attrape
Attribut *n Gramm* complément *m* déterminant
● *nicht* → attribut
Auditorium *n* 1. *Zuhörerschaft* ⟨auditoire *m*⟩; 2. *Hörsaal* salle *f* de conférences, amphithéâtre *m*
Auktion* *f* vente *f* aux enchères
Auktionator *m* commissaire-priseur *m*
auktionieren *tr* vendre aux enchères, mettre à l'encan
Aula* *f* amphithéâtre *m*, salle *f* des fêtes
autark *Adj* autarcique
Autarkie *f* autarcie *f*
Autogramm *n* autographe *m*
Automat *m* 1. ⟨automate *m*⟩; 2. *Verkaufsautomat* distributeur *m* ⟨automatique⟩; 3. *Gepäckautomat* consigne *f* automatique
Automatik *f* automatisme *m*
autoritativ *Adj* autoritaire
Autotypie* *f Typ* similigravure *f*
Avantgardist *m Vorkämpfer* précurseur *m*
avantgardistisch *Adj* d'avant-garde

B

Baby *n* bébé *m*
bagatellisieren* *tr* minimiser, ne pas prendre au sérieux
Baiser *n Gebäck* meringue *f*
bakteriell *Adj* bactérien
Ball *m* 1. *Fußball, Rugby* ballon *m*; *Tennis, Hockey* balle *f*; 3. *Tanzveranstaltung* bal *m*
balladesk *Adj balladenhaft* sous forme de ballade
Ballast *m* lest *m*
● *nicht* → ballast
Balletteuse* *f* ballerine *f*, danseuse *f* de ballet
balsamieren *tr einbalsamieren* embaumer
bandagieren* *tr* bander
aber: Bandage *f* = bandage *m*
Banderole *f Verschlußstreifen* bande *f* (de journal)
● *nicht* → banderole
Bank *f* 1. *Sitzbank* banc *m*; 2. *Hdl* banque *f*
Bankrotteur *m* banqueroutier *m*
Bantam(gewicht) *n Sport* (poids *m*) coq *m*
Barkeeper *m* barman *m*
Baronesse* *f* baronne *f*
basieren *intr* se baser (**auf** sur)
Batterie *f El meist* pile *f*
Beefsteak *n* «hamburger» *m*
● *nicht* → bifteck
Belletristik *f* littérature *f* (non scientifique, non technique)
● *nicht* → belles-lettres
Benzin *n* essence *f*
● *nicht* → benzine
Bilanz *f* bilan *m*
bilanzieren *tr* faire le bilan de

Billiarde *f* quadrillion *m*

Billion *f seit 1948* ⟨billion *m*⟩; *früher* trillion *m*

Biologe *m* biologiste *m*

blamabel *Adj* compromettant

● *nicht* → blâmable

Blamage* *f* compromission *f*

blamieren (sich) *tr (refl)* (se) compromettre

● *nicht* → blâmer

blasphemisch *Adj* blasphématoire

Blockade *f* blocus *m*

blondieren *tr Haar* oxygéner, décolorer, *selten* blondir

Blondine *f* blonde *f*, *seltener* ⟨blondine *f*⟩

Bohemien *m* bohème *m*

● *nicht* → bohémien

bombastisch* *Adj schwülstig* ampoulé, emphatique, boursouflé

Bon *m* 1. *Kassenzettel* ticket *m* de caisse; 2. *Gutschein* ⟨bon *m*⟩

Bonbonniere *f* coffret *m* de bonbons

● *nicht* → bonbonnière

Botaniker *m* botaniste *m*

botanisieren *tr* herboriser

Boy *m Hotelw* groom *m*

Boykott *m* boycottage *m*

brav *Adj Kind* sage

● *nicht* → brave

bravourös* *Adj* plein de bravoure, brillant

Brevier *n* bréviaire *m*

Brigadier *m soz Ges* contremaître *m*, chef d'équipe

● *nicht* → brigadier

Brikett(s) *n(Pl)* briquette(s) *f(Pl)*, *Pl auch* charbons *m/Pl*

● *nicht* → briquet

Brillanz *f* éclat *m*; brillant *m*
● *nicht* → brillance
brisant *Adj* 1. *Tech* explosif; 2. *übertr* d'une brûlante actualité
● *nicht* → brisant
Brisanz* *f* force *f* explosive
Broiler *m* *Kochk* poulet *m* (rôti)
Brokat *m* brocard *m*
Bromid *n* *Chem* bromure *m*
Bronchial- *in Zus* bronchique
Bronchien *f/Pl* *Med* bronches *f/Pl*
Brünette *f* brune *f*, *seltener* ⟨brunette *f*⟩
brutto brut
buddhistisch *Adj* bouddhique
Büfetteuse* *f* serveuse *f*, dame *f* du buffet

C

Cellist *m* violoncelliste *m*
Cello *n* violoncelle *m*
Cembalist *m* claveciniste *m*
Cembalo *n* clavecin *m*
Chaiselongue *f* divan *m*
● *nicht* → chaise-longue
Chansonette *f* *Chansonsängerin* chanteuse *f*
● *nicht* → chansonnette
Charmeuse *f* *Stoff* indémaillable *m*
● *nicht* → charmeuse
Chauvinist *m* chauvin *m*
chauvinistisch *Adj* chauvin
Chemie *f* chimie *f*

Chemiker *m* chimiste *m*
Chemotherapie *f* chimiothérapie *f*
Chirurg *m* chirurgien *m*
chirurgisch *Adj* chirurgical
Chlorid *n Chem* chlorure *m*
Choleriker *m* colérique *m*
● *nicht* → cholérique
Chor *m* 1. *Mus, Arch* ⟨chœur *m*⟩; 2. *Gesangsgruppe* chorale *f*
Choreographie *f* chorégraphie *f*
Chronist *m* chroniqueur *m*
Computer *m* ordinateur *m*, ⟨computer *m*⟩
Conférencier *m* animateur *m*
● *nicht* → conférencier
Cour *f feierlicher Empfang* cérémonie *f*, réception *f*
● *nicht* → cour
couragiert *Adj beherzt, entschlossen* résolu, courageux

D

dämonisch *Adj* démoniaque
Daten *Pl* 1. *Angaben* données *f/Pl*; 2. *Pl von* **Datum** dates *f/Pl*
Datum *n* date *f*
Debatte *f* débat *m*
defekt *Adj* défectueux
Defekt *m* 1. défaut *m*; 2. *Typ* défet *m*
dekatieren *tr* décatir
Deklination *f Gramm* déclinaison *f*
Dekorateur *m* 1. *Arch, Theat* ⟨décorateur *m*⟩; 2. *von Schaufenstern* étalagiste *m*
Dekoration *f Theat* décors *m/Pl*

Delikatesse *f* 1. *Leckerbissen* régal *m*, mets *m* délicieux, délice *m*; 2.: **~n** *Pl Feinkost* comestibles *m/Pl* fins; 3. *Zartgefühl* ⟨délicatesse *f*⟩

Delikt *n* délit *m*

demokratisch *Adj* 1. *allg* ⟨démocratique⟩; 2. *Partei, Person* démocrate

Demonstrant *m* manifestant *m*

Demonstration *f* 1. *Pol* manifestation *f*; 2. *Beweisführung, Vorführung* ⟨démonstration *f*⟩

demonstrieren *tr, intr Pol* manifester

Demontage *f* 1. *Pol, Mil* démantèlement *m* 2. *Arch* ⟨démontage *m*⟩

Denunziant *m* dénonciateur *m*, indicateur *m*, *fam* indic *m*

Deponie *f Lagerplatz für Müll* dépôt *m* d'ordures

Depositen *Pl* dépôts *Pl*

Derivat *n* dérivé *m*

dermal *Adj Med* dermique

desolat *Adj vereinsamt* désolant, désolé

Despotie *f* despotisme *m*

destillieren *tr* distiller

Dezernat *n* ressort *m*

Dia *n kurz für* **Diapositiv** diapo *f*

Diagnose *f Med* diagnostic *m*

● *nicht* → diagnose

Diakon *m* diacre *m*

Diakonisse *f* diaconesse *f*

Diapositiv *n* diapositive *f*

Diät *f Med* régime *m*; *völliger Nahrungsentzug* diète *f*

Differenz *f* 1. ⟨différence *f*⟩; 2.: **~en** *Pl Meinungsverschiedenheiten* différends *m/Pl*

differenzieren *tr* différencier

Diktat *n* 1. *Schule* dictée *f*; 2. *Pol* ⟨diktat *m*⟩

diktatorisch *Adj* dictatorial

Dilettant *m* dilettante *m*
dilettantisch *Adj* dilettante
Diplom- *in Zus diplomiert* diplômé
diplomatisch I. *Adj* 1. ⟨diplomatique⟩; **~e Beziehungen** relations *f/Pl* diplomatiques; 2. *übertr* diplomate; II. *Adv nur* diplomatiquement
Direktorat *n* direction *f*; *selten* ⟨directorat *m*⟩
Dirigat *n Mus* direction *f*
Dirigent *m* chef *m* d'orchestre
● *nicht* → dirigeant
Disharmonie *f* dissonance *f*
Diskont *m Hdl* escompte *m*
Diskrepanz* *f Abweichung* écart *m*, différence *f*
Dissertation *f* thèse *f* de doctorat (d'université), thèse *f* de 3ᵉ cycle
● *nicht* → dissertation
Dissident *m* contestataire *m*; *auch* ⟨dissident *m*⟩
distanzieren, sich *refl* se désolidariser (**von** de, d'avec)
distanziert *Adj zurückhaltend, kühl* distant (**gegenüber** envers), réservé, froid
● *nicht* → distancé
Diva *f Filmstar* vedette *f*, star *f*
● *nicht* → diva
Diversant *m* diversionniste *m*
Doktor *m* 1. *Arzt* médecin *m*, ⟨docteur *m*⟩; **Herr ~!** *Anrede* docteur!; 2. *akadem. Titel, Abk* **Dr.** docteur *m (Abk* Dʳ) *als Anrede in Frankreich nur bei Ärzten üblich*; **Dr. habil., Dr. sc.** docteur *m* (d'État); **Dr. phil.** docteur *m* ès lettres; **Dr. med.** docteur *m* (en médecine); **Dr. oec.** docteur *m* ès sciences économiques; **Dr. rer. nat.** docteur *m* ès sciences
Dom *m Arch* cathédrale *f*
● *nicht* → dôme

Donquichotterie *f* don-quichottisme *m*
Dosis *f* dose *f*; *Dosierung* dosage *m*, posologie *f*
Double *n* *Film* doublure *f*
● *nicht* → double
Dozent *m* chargé *m* de cours, maître *m* de conférences
Dozentur *f* poste *m* d'un chargé de cours
dragieren *tr* *Pharm* dragéifier
drakonisch *Adj* draconien
Dramatik *f* 1. *Theat* art *m* dramatique; 2. *Spannung* suspense *m*
Dramatiker *m* dramaturge *m*, écrivain *m* dramatique
Dramaturg *m* 1. directeur *m* artistique (d'un théâtre); 2. critique *m* dramatique
● *nicht* → dramaturge
aber: Dramaturgie *f* = dramaturgie *f*
drastisch *Adj:* ~**e Maßnahmen** mesures *f/Pl* rigoureuses
● *nicht* → drastique
Dressur *f* dressage *m*
Dribbling *n* *Sport* dribble *m*
Dublette *f* 1. double *m*; 2. *Ling* doublet *m*
Duplikat *n* duplicata *m*, double *m*
Dur *Mus* majeur
Dynamik *f* 1. ⟨dynamique *f*⟩; 2. *übertr* dynamisme *m*

E

Edikt *n* *Hist* édit *m*
effektiv *Adj* 1. *wirksam* efficace; 2. *tatsächlich* ⟨effectif⟩
effektivieren* *tr* rendre efficace
Effektivität* *f* efficacité *f*

egalisiert *Adj:* ~**er Weltrekord** record *m* mondial égalé
aber: egalisieren *tr* = égaliser
Eklektizismus *m* éclectisme *m*
Ekzem *n* eczéma *m*
Elaborat *n verächtl* élucubration *f*
elegisch *Adj* élégiaque
Elektromagnet *m* électro-aimant *m*
Elektrotechniker *m* électricien *m*
elitär *Adj* d'une élite, pour une élite
Embryo *m* embryon *m*
emeritiert *Adj in den Ruhestand versetzt* retraité, en retraite; *veralt* ⟨émérite⟩; ~**er Professor** professeur *m* honoraire
Emigrant *m Pol* émigré *m*, réfugié *m*
● *nicht* → émigrant
Empirie *f Erfahrung* empirisme *m*
Ensemble *n* 1. *Theat meist* troupe *f*; 2. *Mus, Mode* ⟨ensemble *m*⟩
Epidiaskop* *n* lanterne *f* de projection
epochal *Adj* qui fait époque *od* date
Epos *n* poème *m* épique, épopée *f*
Eremit *m* ermite *m*
Eremitage *f* ermitage *m*
erogen *Adj* érotogène
Erotik *f* érotisme *m*
eruieren *tr* s'informer de, explorer
Eskalation *f Mil, übertr* escalade *f*
Etat *m* budget *m*
● *nicht* → état, État
Ethos *n* éthique *f*
Etikett *n* étiquette *f*
Etymologe *m* étymologiste *m*
Exekutive *f Pol* exécutif *m*, pouvoir *m* exécutif
Exkurs *m* digression *f*

Exmatrikulation* *f* radiation *f* des listes (d'inscription); *als Strafe* renvoi *m,* exclusion *f* (de l'université)
exmatrikulieren* *tr* rayer des listes (d'inscription); *als Strafe* renvoyer, exclure (de l'université)
exmittieren *tr* expulser
Exotik *f* exotisme *m*
Expander *m Sport* extenseur *m*
Expedient *m* expéditeur *m*
● *nicht* → expédient
Experiment *n* expérience *f*
experimentell *Adj* expérimental
explodieren *intr* exploser
Exponat *n* produit *m* (exposé)
Export *m* exportation *f*
Exporteur *m* exportateur *m*
exquisit *Adj* choisi, exquis
extra *Adv* 1. *außerdem* en supplément; 2. *gesondert* à part; 3. *speziell* spécialement, exprès
Exzerpt *n* extrait *m*

F

Fabrikat *n* fabrication *f;* **französisches** ~ produit *m* de fabrication française
Fabulant *m* fabulateur *m*
Fagott *n* basson *m*
Fagottist *m* basson *m*
Fäkalien *Pl* matières *f/Pl* fécales, excréments *m/Pl,* fèces *f/Pl*
Fakt *m* fait *m*
faktisch *Adv* 1. *tatsächlich* effectivement; 2. *praktisch* pratiquement

Faktum *n* fait *m*
● *nicht* → factum
Falliment *n*, **Fallissement** *n Fin* faillite *f*
familiär *Adj die Familie betreffend* familial
● *nicht* → familier
famos *Adj* excellent, *pop* bath
● *nicht* → fameux
Fantasie *f Mus* fantaisie *f*
Farm *f* ferme *f*
Farmer *m* fermier *m*
Fasanerie *f* faisanderie *f*
fatal *Adj peinlich* fâcheux, gênant
● *nicht* → fatal
Fazit *n* résultat *m*
Feudalismus *m Hist* féodalisme *m*
fidel *Adj umg* gai, joyeux, content
● *nicht* → fidèle
Figur *f* 1. *i. v. B.* figure *f*; 2. *spez* taille *f*; 3. *Roman* personnage *m*
Filiale *f* succursale *f*
● *nicht* → filiale
Film *m* 1. ⟨film *m*⟩; 2. *als Kunstgattung u. Kollektivbegriff* cinéma *m*; **die Stummfilmzeit** le temps du cinéma muet; **Woche des französischen ~s** semaine *f* du cinéma français
Filmothek *f* cinémathèque *f*
Finale *n* 1. *Sport* finale *f*; 2. *Mus* finale *m*
finanziell *Adj* financier
Flamingo *m* flamant *m*
Florett *n* fleuret *m*
florieren *intr blühen* prospérer, fleurir
florierend *Adj* florissant
Florist *m Blumenzüchter* floriculteur *m*
● *nicht* → fleuriste

Fluorid *n Chem* fluorure *m*
Fokus *m Phys* foyer *m*
Foliant *m* in-folio *m*; **dicke ~en** *Pl* de gros in-folio(s)
folkloristisch *Adj* folklorique
forcieren *tr* renforcer, pousser, accélérer
● *nicht* → forcer
Fraktion *f Pol* groupe *m* (parlementaire)
● *nicht* → fraction
Fraktur *f* 1. *Med* ⟨fracture *f*⟩; 2. *Typ* caractères *m/Pl* allemands
Frankatur *f* affranchissement *m*
frankieren *tr* affranchir
fretieren *tr Schiff* affréter
Frikadelle* *gebratenes Fleischklößchen* boulette *f* (de viande)
Friseur* *m* coiffeur *m*
frisieren *tr* 1. *Haar* coiffer; 2. *übertr Bericht* camoufler
● *nicht* → friser
Frisur *f* coiffure *f*
● *nicht* → frisure
frivol *Adj schlüpfrig* scabreux
● *nicht* → frivole
Frivolität *f Schlüpfrigkeit* grivoiserie *f*
● *nicht* → frivolité
fundamentieren *tr* poser les fondements de
Furage *f Mil Verpflegung* provisions *f/Pl* (de bouche), approvisionnement *m*
● *nicht* → fourrage
furnieren *tr* plaquer
● *nicht* → fournir

G

Gage *f* gages *m/Pl*
Galerist* *m* propriétaire *m* d'une galerie (d'art)
gallisch *Adj* gaulois
● *nicht* → gallois
Garderobe *f* 1. *Kleidung* ⟨garde-robe *f*⟩, vestiaire *m*; 2. *Kleiderablage nur* vestiaire *m*
Garderobiere* *f* dame *f* du vestiaire
Gardine *f* rideau *m*
Garnitur *f* 1. *Besatz, Verzierung* ⟨garniture *f*⟩, parement *m*; 2. *Satz zusammengehöriger Gegenstände* ⟨garniture *f*⟩, assortiment *m*; 3. *Unterwäsche* parure *f*
Gas *n* gaz *m*
gastral *Adj Med* gastrique
Gastronom *m* cuisinier *m* (restaurateur)
● *nicht* → gastronome
aber: Gastronomie *f* = gastronomie *f*
generell I. *Adj* général; II. *Adv* généralement, en général, dans l'ensemble
Genius *m* génie *m*
Genus *n Gramm* genre *m*
Geranie *f Bot* géranium *m*
Germanistik *f* langue *f* et littérature *f* allemandes
Gestik *f* gestes *m/Pl*, gesticulation *f*
Gigant *m* géant *m*
gigantisch *Adj* gigantesque
Gips *m* plâtre *m*, *Kalkgips* gypse *m*
Giro *n* endossement *m*, virement *m*; **~konto** *n* compte *m* de virement; **~verkehr** *m* virements *m/Pl*
Gladiole *f* glaïeul *m*
glasieren *tr* glacer, vernir

Glasur *f* 1. vernis *m*; *Schmelz* émail *m*; 2. *Zuckerguß* glace *f*
Glossar *n Vokabelverzeichnis* vocabulaire *m*; *Erläuterungen älterer od dialektaler Wörter* ⟨glossaire *m*⟩
Glosse *f* glose *f*
glossieren *tr* gloser
Gobelin *m Wandteppich* tapisserie *f*
Gonorrhöe* *f Med* blennorragie *f*
Grad *m* 1. *Rang* ⟨grade *m*⟩; 2. *Math, Phys* degré *m*
Gradation *f* 1. *Einteilung nach Graden* graduation *f*; 2. *Ling* ⟨gradation *f*⟩
grad[u]ieren *tr* graduer
Grammatik *f* grammaire *f*
Grammatiker *m* grammairien *m*
grammatisch *Adj* grammatical
Granate *f* 1. obus *m*; 2. *Handgranate* grenade *f*
Graphik *f* 1. *Kunst* arts *m/Pl* graphiques; 2. *einzelnes Kunstblatt, Tech* ⟨graphique *m*⟩
Graphiker *m* dessinateur *m*
grassieren *intr Epidemie u. übertr* sévir
Gratulant* *m* celui qui félicite
Gratulation *f* félicitation *f*; *veralt od scherzh* congratulation *f*
gratulieren *intr* féliciter (**jmdm.** q.); *veralt od scherzh* congratuler
gravierend *Adj:* **~e Umstände** circonstances *f/Pl* aggravantes
Gräzismus *m* hellénisme *m*
Gremium* *n* commission *f*, organisme *m*, comité *m*, groupe *m*
Gymnasiast *m* lycéen *m*, collégien *m*
Gymnasium *n* lycée *m*, collège *m*
● *nicht* → gymnase

H

Habilitation *f* thèse *f* de doctorat d'État
● *nicht* → habilitation
habilitieren, sich *refl* passer son doctorat d'État
● *nicht* → habiliter
Halle *f* 1. *Hotel-, Bahnhofshalle* hall *m;* 2. *Messehalle* pavillon *m*
● *nicht* → halle
hallo! *Interj* allô!; *nach einem Taxi rufend auch* hep!
harmonieren *intr* harmoniser
Hasardeur* *m Glücksspieler* joueur *m*; *Abenteurer* aventurier *m*
Haschee *n Kochk* hachis *m*
Hektik *f* hâte *f*
hektisch *Adj* hâtif
● *nicht* → hectique
hektographieren* *tr* polycopier
Herbarium *n* herbier *m*
heureka! *Interj* eurêka!
Histologe *m* histologiste *m*
holographisch *Adj* (h)olographe
Honorar *n* honoraires *Pl*; **~professor** *m* professeur *m* associé
● *nicht* professeur *m* → honoraire
horrend *Adj schrecklich* horrible, effrayant; **~e Preise** prix *m/Pl* exorbitants
Horrorfilm *m* film *m* d'épouvante
Hospital *n* hôpital *m*
Hospitation* *f* observation *f* en classe, visite *f* de classe
hospitieren* *intr, tr* assister au cours (d'un collègue), observer le cours (d'un collègue)

humanistisch 1. *Adj* ⟨humaniste⟩; 2. *Adv:* ~ **gebildet** qui a fait ses humanités
Humor *m* humour *m*
Humoreske* *f* récit *m* humoristique
humoristisch *Adj* humoristique
Hydrant *m Tech* bouche *f* à eau
hydrieren *tr Chem* hydrogéner
Hygieniker *m* hygiéniste *m*
hypochondrisch *Adj* hypocondriaque

I

idiotisch *Adj* idiot
ignorieren *tr* faire semblant de ne pas voir *od* connaître, ne tenir aucun compte de, *selten* ⟨ignorer⟩
illoyal *Adj* déloyal
Illoyalität *f* déloyauté *f*
Immatrikulation *f Hochsch* inscription *f*
● *nicht* → immatriculation
immatrikulieren *tr* inscrire; **sich ~ lassen** s'inscrire
● *nicht* → immatriculer
immun *Adj* immunisé
Imperator *m* empereur *m*
aber: Imperatorin *f* = impératrice *f*
Imperium *n* empire *m*
Import *m* importation *f*
Importeur *m* importateur *m*
impotent *Adj Med* impuissant
● *nicht* → impotent
Impotenz *f Med* impuissance *f*
● *nicht* → impotence
Impressum *n Buchw* générique *m*

Imprimatur *n Buchw* bon *m* à tirer
Impuls *m* impulsion *f*
Index *m* 1. ⟨index *m*⟩; 2. *Hdl* indice *m*
Infanterist *m* fantassin *m*, soldat *m* d'infanterie
Infarkt *m Med* infarctus *m*
Infekt *m Med* infection *f*
Inferno *n* enfer *m*
in flagranti *auf frischer Tat* en flagrant délit
inflationär *Adj* inflationniste
Informant *m* informateur *m*
informatorisch, informell *Adj* informatif
Ingenium *n Erfindungsgabe* ingéniosité *f*
Initiant *m* initiateur *m*
initiativ *Adj* initiateur
inklusiv[e] *Adv* y compris, inclusivement, ... inclus; ~ **Kosten** *od* **Spesen** frais inclus
● *nicht* → inclusif
inoffiziell *Adj* non officiel
Inserat *n* annonce *f*
Inserent *m* annonceur *m*
inserieren *intr* insérer une annonce
insolvent *Adj Fin* insolvable
Insolvenz *f* insolvabilité *f*
Inspizient *m* inspecteur *m*
Installateur *m* ⟨installateur *m*⟩, plombier *m*
Instrumentalist *m Mus* instrumentiste *m*
Instrumentarium *n* instruments *m/Pl*
Insultation *f Jur* insulte *f*
Intarsie(n) *f(Pl)* marqueterie *f*
Intelligenz *f* 1. ⟨intelligence *f*⟩; 2. *soziale Schicht* intellectuels *m/Pl*; *spez* intelligentsia *f*
Intendant *m Theat* directeur *m* (de théâtre), régisseur *m*
● *nicht* → intendant

intensiv *Adj* 1. *stark, lebhaft, nachhaltig* intense; 2. *konzentriert, zielstrebig* ⟨intensif⟩
intensivieren *tr* intensifier
Interesse *n* intérêt *m*
Interessent *m* intéressé *m*
interimistisch *Adj* intérimaire
Internat *n allg* ⟨internat *m*⟩; *Studentenwohnheim* foyer *m* (d'étudiants)
Internist* *m Med* spécialiste *m* de maladies internes
interpretatorisch *Adj* d'interprétation, interprétatif, concernant *od* en ce qui concerne l'interprétation
Interpunktion *f* ponctuation *f*
Intervent *m Mil* interventionniste *m*
intim *Adj* 1. *i. v. B.* ⟨intime⟩; 2. *sexuell* sexuel
Intimus *m Freund, Vertrauter* intime *m*
intonieren *tr* entonner
Invasor *m* envahisseur *m*
inventarisieren *tr* inventorier
Inventur *f* inventaire *m*
Investition *f* investissement *m*
irrelevant* *Adj* non pertinent
irritieren *tr umg verwirren* embarrasser, rendre confus
● *nicht* → irriter
Ischias *f* sciatique *f*
Isolation *f*, **Isolierung** *f* 1. *Vorgang* isolement *m*; 2. *Ergebnis* ⟨isolation *f*⟩

J

Jackett *n* veste *f*
● *nicht* → jaquette

Jalousie *f* persienne *f,* ⟨jalousie *f*⟩
Japanologe *m Ling* japonisant *m*
Journaille* *f kap Ges, verächtl* presse *f* (bourgeoise) corrompue; journalistes *m/Pl* (bourgeois) corrompus *od* stipendiés
Journalistik *f* journalisme *f*
journalistisch *Adj* journalistique
Jubilar *m* celui qui fête son anniversaire
● *nicht* → jubilaire
Jubiläum *n* (fête *f* d')anniversaire *m*
● *nicht* → jubilé
junior jeune, junior
Jurisdiktion *f* juridiction *f*
aber: Jurisprudenz *f* = jurisprudence *f*
juristisch *Adj* juridique; **Juristische Fakultät** Faculté *f* de droit
Juror *m Mitglied einer Jury* membre *m* du jury, examinateur *m*
justieren *tr Tech einstellen* ajuster

K

Kabarett *n* 1. cabaret *m, fam* boîte *f* de nuit; 2. *politisch-satirisch* ⟨cabaret *m*⟩, théâtre *m* de chansonniers
Kabarettist* *m* chansonnier *m*
Kabinett *n* 1. *Schulungseinrichtung* laboratoire *m*; 2. *Kunst, Pol* ⟨cabinet *m*⟩
Kadaver *m* charogne *f*
● *nicht* → cadavre
Kaffee *m:* ~ **komplett** café-crème *m*
Kali *n* potasse *f,* ⟨kali *m*⟩
Kalium *n* potassium *m*

Kalkulation *f* calcul *m*
Kamerad *m* camarade *m*
kandidieren *intr* se porter candidat
Kanone *f* canon *m*
Kapazität *f hervorragender Fachmann* sommité *f*
● *nicht* → capacité
Kapelle *f* 1. *Kirche* chapelle *f*; 2. *Tanzkapelle* orchestre *m*
Kapitulant *m Pol* capitulard *m*
Käppi *n Mil* bonnet *m* de police, casquette *f* d'uniforme
● *nicht* → képi
Kapriole(n) *f(Pl)* cabriole(s) *f(Pl)*
-karbid *in Zus Chem* carbure *m* de ...
Karbol *n Chem* phénol *m*
aber: karbolsauer = carbolique
kariert *Adj* à carreaux
● *nicht* → carré
Karies *f* carie *f*
karikieren *tr* caricaturer
kariös *Adj von Karies befallen* carié
karitativ *Adj wohltätig, auf eine Person bezogen* charitable, *auf die Gesellschaft bezogen* de charité, philanthropique
Karneval *m* carnaval *m*
Karotin *n Chem* carotène *m*
Karte *f* 1. *Post-, Spiel-, Speisenkarte* ⟨carte *f*⟩; 2. *Eintrittskarte* billet *m*; 3. *Fußball:* **die gelbe (rote) ~** le carton jaune (rouge)
Kartothek *f* casier *m*, fichier *m*
Karussell *n* manège *m* de bois
● *nicht* → carrousel
Kasse *f* caisse *f*
aber: Kassette *f* = cassette *f*
kassieren *tr* 1. *Geld* encaisser; 2. *Urteil* casser
Katalysator *m Chem* catalyseur *m*

katastrophal *Adj* catastrophique
Katheder *n* chaire *f*
Kathete* *f Math* côté *m* de l'angle droit
Kavallerist *m Mil veralt* cavalier *m*
Klassik *f Lit* classicisme *m*
Klause *f* cabaret *m*, taverne *f*
● *nicht* → clause
Klausur *f Arbeit* épreuve *f* écrite sous surveillance
Klaviatur *f Tastatur* clavier *m*
Klavier *n* piano *m*
● *nicht* → clavier
Klerus *m Rel* clergé *m*
Kloake *f* égout *m*, cloaque *m*
Klosett* *n fam* waters *Pl*
koalieren *intr Pol* se coaliser
Kodex *m* code *m*
● *nicht* → codex
Koffein *n* caféine *f*
Koffer *m* valise *f*
● *nicht* → coffre
kollegial 1. *Adj* de collègue, confraternel; 2. *Adv* en (bon) collègue
● *nicht* → collégial
Kollegialität *f* confraternité *f*
kollektivieren *tr* collectiviser
kollidieren *intr* être *od* entrer en collision
Kolloquium *n* colloque *m*
Kolonist *m* colon *m*
Kolophonium *n* colophane *f*
Koloratur *f Mus* fioriture *f*, roulade *f*
Kolorit *n* coloris *m*; *Lokalkolorit* couleur *f* locale
Kolportageroman *m* roman *m* de pacotille *od* de quatre sous, roman-feuilleton *m* – *aber:* Kolportage *f* = colportage *m*

Kolumnist *m Ztgsw* échotier *m*
Kombination *f* combinaison *f*
Kombine *f Landw* moissoneuse-batteuse-lieuse *f*
● *nicht* → combine
Komik *f* comique *m*
Komiker *m Spaßmacher, Unterhalter* amuseur *m*
Komma *n* virgule *f*
● *nicht* → comma
Kommandeur *m Mil* commandant *m*
Kommanditist *m Fin* commanditaire *m*
Kommilitone* *m* camarade *m od* compagnon *m* d'études
Kommunalwahlen *f/Pl* élections *f/Pl* municipales
Komödiant *m* comédien *m*
Kompagnon *m Hdl* associé *m*
● *nicht* → compagnon
Komparation *f* comparaison *f*
komparativ *Adj:* **~e Grammatik (Linguistik)** grammaire *f* (linguistique *f*) comparée
Komparse *m Theat* figurant *m*, ⟨comparse *m*⟩
Komparserie* *f Theat* figurants *m/Pl*, comparses *m/Pl*
Kompaß *m* 1. boussole *f*; 2. *Mar auch* ⟨compas *m*⟩
Komponente *f* composante *f*
Komponist *m* compositeur *m*
kompositorisch 1. *Adj* concernant la composition; de composition; 2. *Adv* en ce qui concerne *od* quant à la composition
Kompott *n* compote *f*
Kondolenz *f* condoléances *f/Pl*
kondolieren *intr* présenter *od* faire ses condoléances
Konfektion *f* 1. ⟨confection *f*⟩; 2. *Kleidung* prêt-à-porter *m*
Konflikt *m* conflit *m*
Konfrontation *f Pol* affrontement *m*
● *nicht* → confrontation

kongruent *Adj Zahl* congru; *Fläche* coïncident; *geometrische Figur* ⟨congruent⟩
kongruieren *intr Math* coïncider
Konjugation *f Gramm* conjugaison *f*
Konjunktiv *m Gramm* subjonctif *m*
● *nicht* → conjonctif
Konkubinat *n* concubinage *m*
konkurrieren *intr* faire concurrence (**mit** à), concurrencer (**mit jmdm.** q.)
Konkurs *m* faillite *f*
Konsens *m* consentement *m*
konservativ *Adj* conservateur
Konsonant *m* consonne *f*
Konspekt *m* 1. *Verzeichnis* catalogue *m*; 2. *Inhaltsangabe* résumé *m*
konspirativ *Adj* conspirateur
Konsum *m Verbrauch* consommation *f*
Konsument *m Verbraucher* consommateur *m*
konsumieren *tr* consommer
● *nicht* → consumer
Kontrahent* *m* 1. *Gegner* adversaire *m*; 2. *Vertragschließender* contractant *m*
kontrovers *Adj* controversé
Konzept *n Entwurf* brouillon *m*
● *nicht* → concept
Konzert *n* 1. *Veranstaltung* ⟨concert *m*⟩; 2. *Musikstück* concerto *m*
Koordinate *f Math, Geogr* coordonnée *f*
koordinieren *tr* coordonner
aber: Koordination *f* = coordination *f*
Korporal *m Mil* caporal *m*
● *nicht* → corporal
Korrektur *f* correction *f*

Korrespondent *m* 1. correspondant *m*; **Sonderkorrespondent** *meist* envoyé *m* spécial; 2. *den Briefverkehr führender Angestellter* correspondancier *m*
Korridor *m* 1. *Arch meist* couloir *m*; 2. *Pol* ⟨corridor *m*⟩
korrumpieren *tr* corrompre
korrupt *Adj* corrompu
aber: Korruption *f* = corruption *f*
Kosmetik *f* soins *m/Pl* de beauté; *Technik* cosmétologie *f*
Kosmetikerin *f* esthéticienne *f*
Kostüm *n* tailleur *m*, ensemble *m*
● *nicht* → costume
Kotelett *n* côtelette *f*; **~en** *Pl Backenbart* favoris *m/Pl*
Kredenz *f* dressoir *m*, desserte *f*, crédence *f*
Kriminal/polizei *f* police *f* judiciaire; **~roman** *m* roman *m* policier, *fam* polar *m*
kritisieren *tr* critiquer
Kulanz* *f* générosité *f*, indulgence *f*
Kuratorium *n Behörde* conseil *m* d'administration
Kurier *m* 1. *Bote* messager *m*, porteur *m* de dépêches; 2. *Hist* ⟨courrier *m*⟩
kurieren *tr heilen* guérir
● *nicht* → curer
kurios *Adj* étrange, bizarre, curieux
Kurs *m* 1. *Lehrgang* cours *m*, séminaire *m*; 2. *Pol* orientation *f*, route *f*, ligne *f*; 3. *Fin* cours *m*
Kursant *m*, **Kursist** *m Kursusteilnehmer* participant *m* (à un cours)
kursiv *Adj Typ* italique
● *nicht* → cursif
kursorisch *Adj:* **~e Lektüre** lecture *f* courante
Kurve *f* 1. *Math* courbe *f*; 2. *Straßenkrümmung* virage *m*
Kuvert *n Briefumschlag* enveloppe *f*
● *nicht* → couvert

L

labil *Adj schwankend, veränderlich* instable
● *nicht* → labile
Laborant(in) *m(f)* laborantin(e) *m(f)*
laborieren *intr:* **an einer Krankheit** ~ souffrir d'une maladie
lädieren *tr* gâter, endommager, léser
Lafette *f Mil* affût *m*
lamentieren *intr* se lamenter, se plaindre
Larve *f* 1. *Maske* masque *m*; 2. *Zool* ⟨larve *f*⟩
lasieren *tr Tech* glacer
Lasur *f* glacis *m*
Laterne *f* lanterne *f*
lavieren *intr Mar u. übertr* louvoyer
Lazarett *n* hôpital *m* militaire
● *nicht* → lazaret
Legasthenie *f angeborene Leseschwäche* dyslexie *f*
Legat I. *n Jur* legs *m*; II. *m Hist* ⟨légat *m*⟩
legieren *tr* 1. *Metalle* allier; 2. *Suppe* lier
Legitimation *f* 1. *Ausweis* carte *f* d'identité; 2. *Jur* ⟨légitimation *f*⟩
Lektion *f* leçon *f*
Leutnant *m* sous-lieutenant *m*
● *nicht* → lieutenant
Lexik *f* vocabulaire *m*; *Ling* lexique *m*
Libelle *f Zool* libellule *f*
● *nicht* → libelle
Libretto *n* livret *m*
Liliputaner *m* lilliputien *m*
Lineal *n* règle *f*
lini[i]eren *tr* ligner
Literat *m* littérateur *m*, homme *m* de lettres

Literatur- *in Zus* de (la) littérature; *oft* littéraire; **~kritik** *f* critique *f* littéraire
Lokal *n* 1. ⟨local *m*⟩, localité *f*; 2. *Gaststätte* restaurant *m*
Loyalität *f* loyauté *f*
lukullisch *Adj üppig* somptueux; **~e Genüsse** des régals *m/Pl*, des délices *m/Pl*
luxuriös *Adj* luxueux, somptueux
● *nicht* → luxurieux

M

Magazin *n* 1. *Lagerraum* magasin *m*; 2. *Zeitschrift* magazine *m*
magazinieren *tr speichern, lagern* emmagasiner
Magistrale *f* 1. *Hauptverkehrsstraße* grand-rue *f*, rue *f* principale; 2. *Trasse* ligne *f* magistrale
Magistrat *m* conseil *m* municipal, municipalité *f*
● *nicht* → magistrat
Magnet *m* aimant *m*
magnetisieren *tr* aimanter, ⟨magnétiser⟩
Mahagoni *n* acajou *m*
majestätisch *Adj* majestueux
Major *m Mil* commandant *m*
● *nicht* → major
Makrone *f* macaron *m*
Mamsell *f Kochk* dame *f od* serveuse *f* du buffet
● *nicht* → mam'selle, mam'zelle
Mangan *n Chem* manganèse *m*
Maniküre *f* manucure *f*
manisch *Adj Med* maniaque
Marionette *f* 1. *Theat* ⟨marionnette *f*⟩; 2. *Pol* fantoche *m*;

Marionettenregime *n* régime *m* fantoche
markieren *intr umg angeben* se donner des airs; *sich verstellen* simuler
● *nicht* → marquer
Marmelade *f* confiture *f*
● *nicht* → marmelade
marmorieren *tr* marbrer
marode *Adj umg* épuisé, fatigué
● *nicht* → maraud
Marodeur *m Hist plündernder Soldat* maraudeur *m*
Maschine *f* 1. ⟨machine *f*⟩; 2. *Flugzeug* appareil *m*
maschinell *Adj* fait à la machine, mécanique
● *nicht* → machinal
Maschinerie *f* 1. *Pol* machine *f*; 2. *Tech* ⟨machinerie *f*⟩
Maschinist *m* mécanicien *m*, *fam kurz* mécano *m*
● *nicht* → machiniste
Maskerade *f* mascarade *f*
Material *m* matériel *m*; *Baumaterial* matériau *m*
Materialien *Pl* matériaux *m/Pl*
Mathematik *f meist* mathématiques *f/Pl*
Matinee *f Theat* spectacle *m* musical *od* littéraire *usw.* (qui a lieu dans la matinée)
● *nicht* → matinée
mechanisch *Adv* 1. ⟨mécaniquement⟩; 2. *übertr ohne zu überlegen* machinalement
medial *Adj Psych auf ein Medium bezogen* médiumnique
Medizin *f* 1. *Disziplin* médecine *f*; 2. *Medikament* médicament *m*
medizinisch *Adj* médical
melieren *tr sprenkeln* mélanger; **graumeliert** *Haar* grisonnant
Melioration *f Landw* amélioration *f*
Melone *f mit rotem Fruchtfleisch* pastèque *f*; *Zuckermelone* ⟨melon *m*⟩

memorieren *tr* mémoriser
Metallurg *m* métallurgiste *m*
Methodik *f* méthodologie *f*
Metropole *f* capitale *f*, chef-lieu *m*
● *nicht* → métropole
Mexiko *n Land* Mexique *m*
● *nicht* → Mexico
mikrobiell *Adj* microbien
Mikrophon *n meist nur noch* micro *m*
Mine *f* 1. *Bergb, Bleistift* ⟨mine *f*⟩; 2. *Kugelschreiber* bille *f*
Mineraloge *m* minéralogiste *m*
minimal *Adj* 1. *unbedeutend, sehr klein* minime; 2. *auf ein Minimum bezogen* ⟨minimal⟩
minimieren *tr* minimiser
Ministerium *n* ministère *m*
Miszelle(n) *f(Pl)* miscellanée(s) *f(Pl)*, mélanges *m/Pl*
Mobiliar *n* mobilier *m*, meubles *m/Pl*
Moderator *m Radio, TV* programmateur *m*
● *nicht* → modérateur
Moderne *f Kunst* modernistes *m/Pl*, modernisme *m*
modisch *Adj* à la mode
● *nicht* → modique
Moiré *m, n* moire *f*
mokant *Adj spöttisch* moqueur
Moll *Mus* mineur
Moloch *m übertr* gouffre *m*
● *nicht* → moloch
Moment *n* 1. facteur *m*; 2. *Phys, Psych* ⟨moment *m*⟩
momentan *Adj* momentané
monieren *tr mahnen* avertir; *beanstanden* blâmer, critiquer
Monitor *m TV Kontrollschirm* écran *m* de contrôle
● *nicht* → moniteur; monitor

Monstranz *f Rel* ostensoir *m*
monströs *Adj* monstrueux
Montan- *in Zus* minier
Montur *f veralt Dienstkleidung, Uniform* tenue *f*, uniforme *m;* **in voller ~** en grande tenue
● *nicht* → monture
Moral *f Sittenlehre* morale *f; sittliches Verhalten* moral *m; Nutzanwendung* moralité *f*
Morphinist *m* morphinomane *m*
Morphium *n* morphine *f*
Motette *f* motet *m*
Motorik *f Biol* motricité *f*
Motto* *n Wahlspruch* devise *f; Lit* épigraphe *f*
Munition *f* munitions *f/Pl*
museal *Adj* de musée
Museum *n* 1. *allg* musée *m*; 2. *naturkundlich* ⟨muséum *m*⟩
musikalisch *Adj* 1. *auf die Musik bezogen* ⟨musical⟩; 2. *musikbegabt* musicien
Musikant *m* musicien *m*
musizieren *intr* faire de la musique
Muskat *m Nuß* muscade *f*
● *nicht* → muscat

N

naiv *Adj:* **~e Kunst** *Mal* art *m* brut
Naive *f Theat* ingénue *f*
Naivität *f* naïveté *f*
Narkose *f Med* anesthésie *f, selten* ⟨narcose *f*⟩
narkotisieren* *tr nur* anesthésier
Narzißmus *m Psych* narcissisme *m*

Natrium *n Chem* sodium *m*
Natron *n* oxyde *m* de sodium
● *nicht* → natron
naturell *Adj Kochk* nature, au naturel
● *nicht* → naturel
nazistisch *Adj* nazi
Necessaire *n* trousse *f*, ⟨nécessaire *m*⟩
Nekrolog *m Nachruf* nécrologie *f*
● *nicht* → nécrologe
nett *Adj* gentil, aimable
● *nicht* → net
netto *Adv* net
Neuralgie *f* névralgie *f*
neuralgisch *Adj* névralgique; **~er Punkt** *auch* point *m* chaud
Neuritis *f* névrite *f*
Neurose *f* névrose *f*
neurotisch *Adj* névrotique
neutral *Adj* neutre
aber: Neutralität *f* = neutralité *f*
Nippes *Pl* bibelots *m/Pl*, colifichets *m/Pl*
● *nicht* → nippes
Nitrogenium *n* azote *m*, *selten* nitrogène *m*
nitros *Adj Chem* nitré
nominell *Adj* nominal
norm[ier]en *tr Tech* normaliser, standardiser
notariell I. *Adj:* **~es Schriftstück** acte *m* notarié; II. *Adv:* **~ beglaubigt** notarié
Notat *n Notiz, Aufzeichnung* note *f*, notation *f*
Notiz *f* note *f*; **sich ~en machen** prendre des notes; **keine ~ nehmen (von)** ne pas prêter attention (à)
Novität(en) *f(Pl)* nouveauté(s) *f(Pl)*
numerieren *tr* numéroter
Numismatiker *m* numismate *m*

O

Oase *f* oasis *f od m*
Obduktion* *f* autopsie *f*
Objekt *n* 1. *Projekt* projet *m*, objectif *m*; 2. *Anlage* installation *f*; complexe *m*; 3. *Bauplatz* chantier *m*; 4. *Gramm* complément *m*, objet *m*
Oblate *f* oublie *f*
obligat *Adj verbindlich* obligé, indispensable
obstinat *Adj starrsinnig* obstiné
offerieren *tr* offrir
Offerte *f* offre *f*
● *nicht* → offerte
Ökonom *m* 1. *Wirtschaftswissenschaftler* économiste *m*; 2. *veralt Verwalter* ⟨économe *m*⟩
oktroyieren *tr*, *meist* **aufoktroyieren** *tr* imposer
● *nicht* → octroyer
okulieren *tr Landw* greffer
Olympiade *f* 1. *Olympische Spiele* Jeux *m/Pl* olympiques; 2. *im Altertum Zeitspanne zwischen zwei Olympischen Spielen* ⟨olympiade *f*⟩
Olympionike *m* champion *m* olympique
olympisch *Adj* 1. *die Olympischen Spiele betreffend* ⟨olympique⟩; 2. *auf den Olymp bezogen; himmlisch* olympien
Omelett *n Kochk* omelette *f*
nicht bekannt ist im Französischen ein «Omelette surprise»
Omen *n*: **ein gutes (schlechtes) ~ sein** être de bon (mauvais) augure
ominös* *Adj* de mauvais augure; *bedenklich* douteux
Omnibus *m* autobus *m*, bus *m*
● *nicht* → omnibus
Onkologie* *f Geschwulstlehre* cancérologie *f*

onomatopoetisch *Adj Ling* onomatopéique
operativ *Adj* opératoire
Opponent *m* opposant *m*, adversaire *m*
opponieren *intr* s'opposer (**gegen** à), faire opposition
Oppositioneller *m Neol* opposant *m*
optimieren *tr* optimiser
Opus *n* 1. *Werk* œuvre *f*, ouvrage *m;* 2. *Mus* ⟨opus *m*⟩
oral *Adv Med* par voie buccale *od* orale
Oratorium *n Mus* oratorio *m*
● *nicht* → oratoire
Orbit *m Astr, Raumsch* orbite *f*
ordinär grossier, vulgaire, trivial
● *nicht* → ordinaire
originell *Adj* original
● *nicht* → originel
Ornament *n* ornement *m*
Ornamentik *f* ornements *m/Pl*, ornementation *f*
Orthoepie *f Ling* orthophonie *f*
orthoepisch *Adj Ling* orthophonique
Orthographie *f* orthographe *f*
● *nicht* → orthographie
Orthopäde *m* orthopédiste *m*
ostentativ *Adj* ostensible
ostentiös *Adj prahlerisch* ostensible, ostentatoire
Overall *m* salopette *f*

P

Pädagogik *f* pédagogie *f*
Page *m Hoteldiener* groom *m*
Paket *n* colis *m*, *auch* ⟨paquet *m*⟩
paktieren *intr* pactiser

Pamphletist *m* pamphlétaire *m*
Pappmaché *n* papier *m* mâché
Parabel *f* parabole *f*
Parade *f Mil* défilé *m*; *selten* ⟨paradé *f*⟩
paradiesisch *Adj* paradisiaque
paradox *Adj* paradoxal
Parallele *f* 1. *Math* ⟨parallèle *f*⟩; 2. *übertr* parallèle *m*
Parallelität *f* parallélisme *m*
Paralyse *f Med* paralysie *f*
paranoisch *Adj* paranoïaque
parat *Adj* prêt
Paratyphus *m* paratyphoïde *f*
parieren *intr* 1. *gehorchen* obéir; 2. *Pferdesport* ⟨parer⟩
paritätisch *Adj* paritaire
Parkett *n* 1. *Fußboden* ⟨parquet *m*⟩; 2. *Kino* orchestre *m*; *Theat auch* parterre *m*
Parlament *n* parlement *m*
Parlamentarismus *m* parlementarisme *m*
parodieren *tr* parodier
parodistisch *Adj* parodique
Parole *f Losung* mot *m* d'ordre
● *nicht* → parole
Partei *f Pol* parti *m*
● *nicht* → partie
Parterre *n Erdgeschoß* rez-de-chaussée *m*
● *nicht* → parterre
Partie *f Heirat* parti *m*
● *nicht* → partie
Partisan *m Mil* maquisard *m*, ⟨partisan *m*⟩, franc-tireur *m*
Partitur *f Mus* partition *f*
Partner *m* partenaire *m*
partout *Adv umg unbedingt* absolument
● *nicht* → partout

Paß *m Ausweis* passeport *m*
● *nicht* → passe
Passus *m Textstelle* passage *m*
Pastete *f* pâté *m*
patent *Adj umg geschickt* adroit
● *nicht* → patent
Patent *n* 1. brevet *m*; 2. *Mar* patente *f*
patentieren *tr:* ~ **lassen** faire breveter
Pathetik *f* pathétisme *m*, ⟨pathétique *m*⟩, pathos *m*
Patient *m* malade *m*, client *m*; *bes des Chirurgen* ⟨patient *m*⟩
Patrone *f Mil* cartouche *f*
Pause *f* 1. *allg* ⟨pause *f*⟩; 2. *spez Schule* récréation *f*
pausieren *intr* 1. faire une pause, s'arrêter (de travailler, pour un certain temps); 2. *Mus* ⟨pauser⟩
penibel *Adj genau, gewissenhaft* scrupuleux, exact
● *nicht* → pénible
Pension *f* 1. *Ruhestand* retraite *f*; 2. *Fremdenheim* ⟨pension *f*⟩
Pensum *n* tâche *f*, devoir *m*, besogne *f*
● *nicht* → pensum
perfekt *Adj* parfait
Perron *m veralt Bahnsteig* quai *m*
● *nicht* → perron
Person *f* 1. *allg u. Jur* personne *f*; 2. *Theat, Lit* personnage *m*
Personal *n* personnel *m*
Personalien *Pl* 1. *Angaben zur Person* état *m* civil; 2. *Personalakten* dossier *m* personnel
Petro[l]chemie *f* pétrochimie *f*, pétrolochimie *f*
Petroleum *n* pétrole *m*
Phantasie *f* 1. fantaisie *f*; 2. *Einbildungskraft* imagination *f*, *auch* fantaisie *f*
phantasieren *intr* 1. *im Traum sprechen* parler dans le rêve; *im Delirium sprechen* délirer; 2. *übertr* radoter; 3. *Mus* improviser

Phantast *m* fantaisiste *m*, fantasque *m*
phantastisch *Adj* fantastique
Pharmazeut *m* pharmacien *m*
aber: pharmazeutisch *Adj* = pharmaceutique
philatelistisch *Adj* philatélique
Philister *m Hist u. übertr* philistin *m*
philiströs *Adj spießbürgerlich* philistin
Phillumenist *m Sammler von Zündholzschachteletiketten* philluministe *m*
Phlegma *n* flegme *m*
photogen *Adj* photogénique
● *nicht* → photogène
physikalisch *Adj* physique
Physikum *n Prüfung der Medizinstudenten* examen *m* d'anatomie
Physiognomie *f* physionomie *f*
Pikanterie* *f* piquant *m*
pikiert *Adj* indigné
● *nicht* → piqué
Pinzette *f* 1. *bes. Med* pince *f*; 2. *des Uhrmachers* ⟨pincette *f*⟩
Pionier *m* 1. *Mil* soldat *m* du génie, sapeur *m*; 2. *übertr* pionnier *m*
Pistole *f* pistolet *m*
● *nicht* → pistole
Plädoyer *n* 1. *Jur* plaidoirie *f*; 2. *allg* ⟨plaidoyer *m*⟩
Plakat *n* affiche *f*, placard *m*
Plakette *f* plaque *f*, ⟨plaquette *f*⟩
Plantage* *f* plantation *f*
Plast *m* (matière *f*) plastique *m*
Plastik *f* 1. *Bildhauerkunst* (art *m*) ⟨plastique *f*⟩; 2. *Werk der Bildhauerkunst* sculpture *f*; **~bombe** *f*, **~sprengstoff** *m* plastic *m*
Plenum *n Pol* assemblée *f* plénière

Plombe* *f* plombage *m*
Plural *m* pluriel *m*
Podest *n* podium *m*, estrade *f*
Podium *n* 1. ⟨podium *m*⟩, estrade *f*; 2. *kurz für* **Podiumsgespräch** forum *m*, rencontre *f*, colloque *m*
pointiert *Adj* concis, raffiné
● *nicht* → pointé
Pokal *m* 1. *Trinkgefäß* bocal *m*; 2. *Sport* coupe *f*
Polemiker *m* polémiste *m*
polemisieren *intr* polémiquer
Politiker *m* (homme *m*) politique *m*
Politur *f* polissure *f*, brunissure *f*
Polizist *m* agent *m* de police, policier *m*
Pomp *m Prunk* pompe *f*
Porree *m* poireau *m*
Portal *n* portail *m*
Portier *m in Privathäusern, bes. in Frankreich* concierge *m, f*; *in öffentlichen Gebäuden u. Hotels* ⟨portier *m*⟩
Porto *n* affranchissement *m*, port *m*
● *nicht* → porto
porträtieren *tr* portraiturer
Positur *f* posture *f*
Post *f* 1. *Postamt* (bureau *m* de) poste *f*; 2. *Briefe* courrier *m*
postgradual *Adj* postscolaire; *Hochsch* post-universitaire
potent *Adj Med* puissant
Potential *n* potentiel *m*
Potenz *f Med, Math* puissance *f*; **~en** *Pl Neol Möglichkeiten, Reserven* moyens *m/Pl*, ressources *f/Pl*
● *nicht* → potence
potenzieren *tr steigern, verstärken* augmenter, renforcer
Präfekt *m* préfet *m*
prägnant *Adj kurz, gedrängt* concis
Prägnanz *f* concision *f*

Praktikant *m* stagiaire *m*
● *nicht* → praticant
Praktikum *n* stage *m*
Praline *f*, **Praliné** *n*, **Pralinee** *n* bonbon *m* de chocolat
● *nicht* → praline
Prämie *f* prime *f*
Prämisse *f* prémisses *f/Pl*
Präparat *n Med* préparation *f*
Präsenzbibliothek *f* bibliothèque *f* de consultation sur place
Präsidial- *in Zus* présidentiel
Präsidium *n* présidence *f*; *SU* ⟨présidium *m*⟩
Praxis *f* 1. *Erfahrung* pratique *f*; 2. *eines Arztes* clinique *f*
Präzedenz(fall) *f(m)* précédent *m*
Premier *m Ministerpräsident* premier ministre *m*
Presse *f Ztgsw* ⟨presse *f*⟩, *mod oft* presse *f* écrite *im Ggs zur* presse parlée
Primat *n, m Vorrang* primauté *f*, ⟨primat *m*⟩
prinzipiell 1. *Adj* de principe; 2. *Adv* par principe
Prise *f* 1. *Salz, Pfeffer* pincée *f*; 2. *Tabak* ⟨prise *f*⟩
Produzent *m allg u. Film* producteur *m*
Professor *m* professeur *m* (titulaire) de l'Université
Professur *f* professorat *m*, chaire *f*
profilieren, sich *refl bes Künstler* se faire un nom, s'imposer (par le talent)
● *nicht* → profiler, se
profiliert *Adj* 1. *Persönlichkeit* renommé, hors série, consacré; 2. *Tech* ⟨profilé⟩
Prognose *f* pronostic *m*
prognostizieren *tr* pronostiquer
progressiv *Adj* progressiste
● *nicht* → progressif
Projektant *m Arch* constructeur *m*, architecte *m*, dessinateur-projeteur *m*

projektieren *tr* projeter
Prokurist *m* chargé *m* de procuration, gérant *m*
Prolet *m abwertend* prolo *m*
proletarisch *Adj* prolétarien, *veralt* ⟨prolétaire⟩
Promille *n:* **1 (2, 10) ~** un (deux, dix) pour mille
prominent* *Adj* éminent, célèbre
Prominenz* *f* (gens *Pl* de la) haute volée *f*
Promotion *f Doktorarbeit, Promotion A* thèse *f* de doctorat d'université; *Promotion B* thèse *f* de doctorat d'État
● *nicht* → promotion
promovieren *intr* préparer sa thèse de doctorat
Prophylaxe *f* prophylaxie *f*, prévention *f*
Prorektor *m* vice-recteur *m*
Prospekt *m* prospectus *m*, documentation *f*; *gefaltet* dépliant *m*
Protest *m* 1. *Einspruch* protestation *f*; 2. *Jur Wechselprotest* protêt *m*
Protokoll *n* 1. *Niederschrift* procès-verbal *m*; 2. *Diplomatie* protocole *m*
Protokollant* *m* celui qui dresse le procès-verbal, greffier *m*
protokollieren* *tr* dresser le procès-verbal de, verbaliser
Proviant *m* vivres *m/Pl*, provisions *f/Pl*
Provision *f* 1. *Vermittlungsgebühr* avance *f*, *auch* ⟨provision *f*⟩; **Scheck ohne ~** chèque *m* sans provision; 2. *Vergütung* commission *f*
provokatorisch *Adj* provocant, provocateur
Prozedur *f* 1. *Verfahren, Vorgang* procédé *m*; 2. *Jur* ⟨procédure *f*⟩
Prozent *n* pour cent *m*; **~e bekommen (von)** toucher un pourcentage *od* des pourcentages (sur)
prozentual *Adj* en pour cent; **~er Anteil** pourcentage *m*
Prozeß *m* 1. *Jur* ⟨procès *m*⟩; 2. *Tech, Chem* procédé *m*; 3. *Entwicklung* processus *m*

prozessieren *intr* engager *od* avoir un procès
Psychoanalyse *f* psychanalyse *f*
Psychoanalytiker *m* psychanalyste *m*
Publikum *n* public *m*
Publizist *m* écrivain *m* politique; *i. w. S.* journaliste *m*
Publizistik *f i. w. S.* journalisme *m*
pulmonal *Adj Med* pulmonaire
pulsieren *intr* 1. *Blut* battre; 2. *übertr* battre son plein
punktieren *tr* 1. *Linie* pointer, ponctuer; 2. *Med* ponctionner
Punktion *f Med* ponction *f*
pur *Adj:* **(ein) Whisky** ~ un whisky nature
Pyrotechnik *f* pyrotechnie *f*

Q

Quadrat *n Math* carré *m*
aber: quadratisch *Adj* = quadratique
quadrieren *tr Math* élever au carré
Quantum *n* quantité *f*, portion *f*
● *nicht* → quantum
Quartal *n* trimestre *m*
Quartett *n Mus* quatuor *m*; *Jazz* quartette *m*
Quartier *n* logement *m*
● *nicht* → quartier
quasi *Adv* quasiment
quittieren *tr* 1. *Rechnung* acquitter; 2. *Dienst* abandonner, (quitter)

R

Rabatt *m Hdl* remise *f*, rabais *m*
Rabatte *f* 1. *Einfassungsbeet* plate-bande *f*; 2. *an Uniform* revers *m*, *auch* rabat
rabiat *Adj* enragé, forcené; *umg rücksichtslos* brutal
Rachitis *f* rachitisme *m*
Radius *m* 1. *Math* rayon *m auch übertr*; **Aktionsradius** rayon d'action; 2. *Anat Speiche* ⟨radius *m*⟩
Raffinade* *f besonders reiner Zucker* sucre *m* raffiné
Raffinesse* *f* raffinement *m*
ramponiert *Adj* abîmé, gâté
Rang *m Theat* galerie *f*
● *nicht* → rang
rangieren 1. *tr Schienenfahrzeuge* manœuvrer; 2. *intr einen Rang einnehmen* ⟨ranger⟩
Rarität *f* rareté *f*
rasant *Adj umg sehr schnell* rapide
● *nicht* → rasant
Rasanz *f umg Schnelligkeit* rapidité, vitesse *f* énorme
● *nicht* → rasance
Rasur *f* rasage *m*
Razzia *f* rafle *f* (de police), *fam* ⟨razzia *f*⟩
Reaktor *m* réacteur *m*; **Atomreaktor** *meist* pile *f* atomique
real *Adj* réel; **der ~e Sozialismus** le socialisme existant
rebellieren *intr* se rebeller, se révolter
reell *Adj redlich, gut* juste, correct
● *nicht* → réel
Referat *n* 1. *Vortrag* rapport *m*; 2. *Arbeitsgebiet* section *f*
Referent *m Redner* orateur *m*
Referenzen *f/Pl* 1. *Empfehlungen* recommandations *f/Pl*; 2. *Auskünfte* renseignements *m/Pl*, *auch* ⟨références *f/Pl*⟩

referieren *intr* rapporter; en référer (**jmdm.** à q.)
reflexiv *Adj Verb* pronominal; *Pronomen* réfléchi
Regal *n* étagère *f*, rayon *m*
● *nicht* → régal
Regie *f Theat* mise *f* en scène; *Film meist* réalisation *f*
● *nicht* → régie
Regisseur *m Theat* metteur *m* en scène; *Film* réalisateur *m*, metteur *m* en scène de cinéma
● *nicht* → régisseur
Register *n* 1. *Buchw Verzeichnis* index *m*; 2. *amtlich* ⟨registre *m*⟩
registrieren *tr* enregistrer
Regreß *m Jur Ersatzanspruch* recours *m*
regulär *Adj* régulier
regulativ *Adj regelnd* régulateur
regulieren *tr* régler
Rehabilitation *f* 1. *Med* réadaptation *f*, rééducation *f*; 2. *Pol, Jur* ⟨réhabilitation *f*⟩
rehabilitieren *tr* 1. *Med* réadapter, rééduquer; 2. *Pol* ⟨réhabiliter⟩
Reklame *f* publicité *f*, *veralt* ⟨réclame *f*⟩
rekonstruieren *tr* 1. *wiederaufbauen* ⟨reconstruire⟩; 2. *Hergang* reconstituer
rekonvaleszent *Adj Med* convalescent
Rekonvaleszenz *f* convalescence *f*
Rektion *f Gramm* régime *m*
Rektor *m Schule* directeur *m*; *Hochsch* ⟨recteur *m*⟩; *Universität* président *m*
relativieren *tr* relativiser
relevant *Adj erheblich* pertinent *bes Ling*
Relevanz* *f* pertinence *f*; **von keiner** ~ d'aucune importance
Relikt *n* reste *m*, dépouille *f*
remis *Schach* partie nulle, ex-aequo

renommieren *intr* faire le fanfaron, se vanter
● *nicht* → renommer
aber: renommiert *Adj* = renommé
Renommist *m* fanfaron *m,* vantard *m*
Rente *f* 1. *Altersrente* retraite *f*; 2. *kap Ges* ⟨rente *f*⟩
rentieren, sich *refl* se payer, valoir la peine
Reparatur *f* réparation *f*
repatriieren *tr* rapatrier
Report *m Bericht* rapport *m*
● *nicht* → report
Repräsentanz *f* 1. *Vertretung* représentation *f*; 2. *Neol Widerspiegelung* représentation *f; Aussagekraft* représentativité *f*
Repressalien *Pl* représailles *f/Pl*
reprivatisieren *tr Ök* rétrocéder au secteur privé, dénationaliser
Requisit* *n Theat* accessoire(s) *m(Pl)*
Requisiten *Pl* accessoires *m/Pl*
Requisiteur* *m Theat* accessoiriste *m*
Reservat *n z. B. der Indianer* réserve *f*
Restant *m Ladenhüter* solde *m*, *verächtl* rossignol *m*
● *nicht* → restant
Retorte *f Chem* alambic *m*
revanchieren, sich *refl* 1. *sich rächen* prendre sa revanche, *seltener* se revancher; 2. *umg sich erkenntlich zeigen* être reconnaissant, témoigner de la reconnaissance
Revanchist *m Pol* revanchard *m*
revidieren *tr* réviser
Revier *n* 1. *Gebiet* district *m*; 2. *Polizeirevier* commissariat *m*
Revisor *m Prüfer* réviseur *m*; «**Der ~**» *von Tschechow* «Le Revizor»
Rezensent *m* critique *m* (littéraire)
rezensieren *intr (tr)* faire la critique (de), rendre compte (de)
● *nicht* → recenser

Rezension *f* critique *f*, compte *m* rendu, *selten* ⟨recension *f*⟩; **Rezensionsexemplar** *n* exemplaire *m* de presse, service *m*
Rezept *n* 1. *Kochk* recette *f*; 2. *Med* ordonnance *f*
Rheuma *n* rhumatisme *m*
● *nicht* → rhume
rheumatisch *Adj* rhumatismal
Rheumatismus *m* = Rheuma
rigoros *Adj* rigoureux
Risiko *n* risque *m*
riskant *Adj* risqué
Ritual *n* rituel *m*
Roastbeef *n* rosbif *m*
Roboter *m* robot *m*
Rochade *f Schach* roque *m*
Romanistik *f* (étude *f* des) langues *f/Pl* et littératures *f/Pl* romanes *od* néolatines
Romantik *f* 1. *Lit, Kunst* romantisme *m*; 2. *das Romantische* romanesque *m*
romantisch *Adj* 1. *Lit, Kunst* ⟨romantique⟩; 2. *gefühlsbetont* romanesque
Rosine *f* raisin *m* sec
rotieren *intr* tourner; *zirkulieren* circuler
Rouleau *n Rollo* rideau *m*
● *nicht* → rouleau
Route *f* itinéraire *m*, *selten* route *f*
routiniert *Adj* routinier, expérimenté
Ruin *m Untergang* ruine *f*
Rumpsteak *n* romsteck, rumsteck *m*
rustikal *Adj* rustique

S

sadistisch *Adj* sadique
Safe *m* (compartiment *m* de) coffre-fort *m*
saisonal *Adj die Saison betreffend, saisonbedingt* saisonnier, d'ordre saisonnier
Sakko *m* veste *f*
sakral *Adj:* **~e Musik** musique *f* sacrée
Salat *m* salade *f*; *Kopfsalat* laitue *f*
Saldo *m* solde *m*
Salmiak *m* sel *m* ammoniac
salopp *Adj* nonchalant
● *nicht* → salope
sanguinisch *Adj* sanguin
sanieren *tr* 1. *allg* redresser, rétablir; 2. *Ök* assainir
Sardelle *f* petite sardine *f*, anchois *m*
Schal *m* écharpe *f*
● *nicht* → châle
Scharlatanerie *f* charlatanisme *m*
schikanös *Adj* chicanier
Schokolade *f* chocolat *m*
Sekret *n Med* sécrétion *f*
● *nicht* → secret
Sektion *f* 1. *an Universitäten* département *m*; 2. *Anat* dissection *f*
● *nicht* → section
Sekundant *m* assistant *m*, second *m*
Semifinale *n* demi-finale *f*
Semifinalist *m* demi-finaliste *m*
Seminar *n* 1. *i. v. B.* séminaire *m*; 2. *Hochsch auch* travaux *m/Pl* pratiques (*Abk* T. P.)
senior *Adj* aîné, père; **Herr X ~** monsieur X père
● *nicht* → senior

Senior *m* 1. *Sport* ⟨senior *m*⟩; 2. *Altmeister* maître *m*, seigneur *m* et maître *m*; **~en** *Pl* vétérans *m/Pl auch Sport*
separat *Adj* séparé
Sepsis *f Blutvergiftung* septicémie *f*
Septime *f Mus* septième *f*
Seriosität *f* sérieux *m*
Sextett *n Mus* sextuor *m*
Sexuologie *f* sexologie *f*
signalisieren *tr* signaler
Silage *f Landw* ensilage *m*
simpel *Adj einfältig* simpliste
● *nicht* → simple
Simulant *m* simulateur *m*
simultan *Adj* simultané
Simultan[e]ität *f* simultanéité *f*
Singular *m Gramm* singulier *m*
skandalieren *intr lärmen* faire du tapage
Skepsis *f* scepticisme *m*
Skizze *f* 1. esquisse *f*; 2. *Porträtskizze in einer Zeitung* croquis *m*
sklerotisch *Adj Med* scléreux, sclérosé
● *nicht* → sclérotique *(Subst)*
Skonto *m, n Fin* escompte *m*
Skrofulose *f Med* scrofule *f*
skurril* *Adj* bouffon, (étrangement) drôle, comique, bizarre
Skurrilität* *f* bizarrerie *f*, bouffonnerie *f*, comique *m*
Slawist *m* slavisant *m*, *auch* slaviste *m*
Soda *n* 1. ⟨soda *m*⟩; 2. *Chem* soude *f*
solide *Adj* sérieux
● *nicht* → solide
sortieren *tr* assortir
Sortiment *n Hdl* assortiment *m*
Souterrain *n* sous-sol *m*

Souveränität *f* souveraineté *f*
Spedition *f* expédition *f*
Spektakel *m Lärm* tapage *m*, bruit *m*, vacarme *m*
● *nicht* → spectacle
Spektrum *n* spectre *m*
Spekulant *m* spéculateur *m*
Spezial- spécial; *oft* spécialisé; ~**geschäft** *n* magasin *m* spécialisé
speziell *Adj* spécial
Spion *m* espion *m*
Spionage *f* espionnage *m*
Spiritist *m* spirite *m*
spontan *Adj* spontané
Sport *m* sport(s) *m(Pl); in Zus oft* sportif
stabil *Adj* stable
aber: Stabilität *f* = stabilité *f*
Stadion *n* stade *m*
Stadium *n* stade *m*
Stafette *f* 1. *Sport* relais *m*; 2. *Meldereiter* ⟨estafette *f*⟩
Staffage *f Mal* accessoires *m/Pl*
Stanniol *n* feuille *f* d'étain, tain *m* battu
Station *f* 1. *i. v. B.* ⟨station *f*⟩; 2. *Krankenhaus* section *f*
stationär *Adj* 1. ⟨stationnaire⟩; 2.: ~**e Behandlung** *im Ggs zur ambulanten* traitement *m* à l'hôpital
stationieren *tr* faire stationner
● *nicht* → stationner
Statist* *m Theat* comparse *m*, figurant *m*
Statisterie* *f Theat* comparses *m/Pl*, figurants *m/Pl*
Stativ *n* support *m*
statuieren *tr:* **ein Exempel** ~ faire des exemples
Status *m* statut *m;* ~ **quo** *m* statu quo *m*
Stenotypist(in) *m (f)* dactylo *m, f,* sténodactylo(graphe) *m, f*
Stewardess *f Flugw* hôtesse *f* (de l'air)

Stimulus *m* 1. *Med* ⟨stimulus *m*⟩; 2. *übertr* stimulant *m*
stilistisch *Adj* stylistique
Stipendiat *m* boursier *m*
● *nicht* → stipendié
Stipendium *n* bourse *f*
Stola *f* étole *f*
stornieren *tr Fin* ristourner
Storno *n Fin* ristourne *f*
strapaziös* *Adj* fatigant
strukturell *Adj* structural
Student *m* étudiant *m*
Studie *f* étude *f*
studieren I. *tr* étudier; II. *intr* faire ses études
Studium *n* 1. étude *f*; 2. *Hochsch* études *f/Pl*
Stukkateur *m* stucateur *m*; ornemaniste *m*
Stukkatur *f Arch* stuc *m*, plâtre *m*
Subkontinent *m* sous-continent *m*
subkutan *Adj unter der Haut* sous-cutané
Substantiv *n* nom *m*; *Ling auch* ⟨substantif *m*⟩
subtrahieren *tr Math* soustraire
Subtraktion *f* soustraction *f*
suffigieren *tr Ling* suffixer
Sulfonamid *n Chem* sulfamide *m*
summieren *tr* 1. *Math* sommer; 2. *allg zusammenzählen* additionner; **sich ~** s'accumuler
Superintendent *m Kirche* surintendant *m*
Surrogat* *n* 1. *Ersatz* succédané *m*; 2. *übertr auch* ersatz *m*
synchron *Adj* 1. synchrone; 2. *Ling* synchronique
Synchronisation *f* 1. *eines anderssprachigen Films* doublage *m*, postsynchronisation *f*; 2. *von Bild u. Ton* ⟨synchronisation *f*⟩
synchronisieren *tr* 1. *anderssprachigen Film* doubler, postsynchroniser; 2. *Bild u. Ton* ⟨synchroniser⟩

Synchronität *f Tech* synchronisme *m*
Szenarium *n Film* scénario *m*
Szenerie* *f* 1. scène *f*; 2. *Bühnendekoration* décor(s) *m(Pl)*

T

tabellarisch *Adj* synoptique, sous forme de tableau(x)
● *nicht* → tabellaire
Tabelle *f* tableau *m*
Tablett *n* plateau *m*
Tablette *f* comprimé *m*
● *nicht* → tablette
Tabulatur *f Mus* tablature *f*
Tachometer *n* tachymètre *m*
Taft *m* taffetas *m*
tailliert *Adj Kleidung* ajusté, cintré
● *nicht* → taillé
Takelage *f Mar* gréements *m/Pl*, agrès *m/Pl*, cordages *m/Pl*
Takt *m* 1. *Mus* mesure *f*; 2. *Feingefühl* ⟨tact *m*⟩
taktieren *intr eine Taktik anwenden* employer une certaine tactique, procéder d'une certaine manière
talentiert *Adj* talentueux, de talent
Tamponade *f Med* tamponnement *m*
technisch *Adj* 1. ⟨technique⟩; 2.: ~**er Zeichner** dessinateur *m* industriel; ~**e Hochschule** École *f* polytechnique
technisieren *tr* mécaniser
Telefonat* *n* coup *m* de téléphone
Tempo *n* 1. *Schnelligkeit, Geschwindigkeitsgrad* vitesse *f*, rythme *m*; 2. *Kfz bes* allure *f*; *Mus* ⟨tempo *m*⟩
temporal *Adj zeitlich* temporel
● *nicht* → temporal

tendieren *intr* tendre (**zu** à), avoir tendance (**zu** à)
Tenor *m Inhalt, Wortlaut* teneur *f*; *Ton* ton *m*
Tensometer *n Tech* tensiomètre *m*
Termin *m* délai *m*, échéance *f*; *Verabredung* rendez-vous *m*
terminieren *tr einen Termin setzen* fixer le(s) délai(s) de
terminiert *Adj:* **langfristig** ~ à long terme, à longue échéance
Terminus *m* terme *m* (technique), mot *m* technique
● *nicht* → terminus
Terzett *n Mus* trio *m*
Testat *n* attestation *f*, certificat *m*
testieren *tr bezeugen, bescheinigen* attester
● *nicht* → tester
Tetanus *m Med* tétanos *m*
Theatralik *f* théâtral *m*, théâtralisme *m*
Thematik *f* thème(s) *m(Pl)*, sujet *m*
Theologe *m* théologien *m*
Theoretiker *m* théoricien *m*
theoretisch *Adj* théorique
theoretisieren *intr* théoriser
Titel *m* titre *m*, intitulé *m*
Titulatur *f* intitulé *m*
titulieren *tr betiteln* intituler, titrer
Tornado *m Wirbelsturm* tornade *f*
torpedieren *tr* torpiller
Torpedo *m* torpille *f*
● *nicht* → torpédo
Torte *f* tarte *f*
Torteletten *f/Pl* tartelettes *f/Pl*
Toto *m, n Pferderennen* tiercé *m*
Trabant *m* 1. *Astr* satellite *m*; 2. *Hist* traban *m*
Tragik *f* tragique *m*, tragédie *f*
Tragöde *m Theat* tragédien *m*
Trainer *m* entraîneur *m*

trainieren *tr (intr)* (s')entraîner
● *nicht* → traîner
Training *n* entraînement *m*
Trajekt *m, n Eisenbahnfährschiff* bateau *m* transbordeur
● *nicht* → trajet
Trampolin *n Sport* tremplin *m*
tranchieren *tr Kochk* découper
● *nicht* → trancher
Transparent *n* 1. *mit Losungen* pancarte *f*; 2. *durchsichtiges Bild* ⟨transparent *m*⟩
Transplantation *f Med* greffe *f*, ⟨transplantation *f*⟩
Trassant* *Fin* tireur *m*
Trassat* *m Fin* tiré *m*
Trasse *f Vermessungswesen* tracé *m*
Trauma *n Med* traumatisme *m*, *selten* ⟨trauma *m*⟩
Trend *m* tendance *f* (générale)
Trikot *n* maillot *m*, ⟨tricot *m*⟩; **das gelbe ~** *Sport* le maillot jaune
Trikotagen *Pl* tricots *m/Pl*, vêtements *m/Pl* tricotés
● *nicht* → tricotage
Triole *f Mus* triolet *m*
tropisch *Adj* tropical
tumultuarisch *Adj* tumultueux
Turnier *n Sport* tournoi *m*
Tusche *f* encre *f* de Chine
● *nicht* → touche
typhös *Adj Med* typhoïde
Typhus *m* typhoïde *f*, fièvre *f* typhoïde; *Flecktyphus* ⟨typhus *m*⟩
typisieren *tr typisch gestalten* typer

U

Ultimo *m letzter Tag des Monats* fin *f* du mois
● *nicht* → ultimo
Unikat *n* 1. *Urschrift* minute *f*, original *m*; 2. *einziges Exemplar* seul et unique exemplaire *m*
universal *Adj* universel
Uran *n Chem* uranium *m*
● *nicht* → urane
Usance *f Gepflogenheit* usage *m*
Utensilien *Pl* ustensiles *m/Pl*

V

va banque*: ~ **spielen** *alles auf eine Karte setzen* jouer un va-tout, risquer le tout pour le tout, jouer quitte ou double
Vagina *f Anat* vagin *m*
Vakuum *n Phys* vide *m*, *selten* ⟨vacuum *m*⟩
Valuta *f Fin* valeur *f*, change *m*; *fremde Währung* monnaie *f* étrangère
Varieté *n* music-hall *m*, théâtre *m* de variétés
vegetarisch *Adj* végétarien
Vehikel *n umg schlechtes Fahrzeug* bagnole *f*
● *nicht* → véhicule
venerisch *Adj Med* vénérien
Ventil *n* soupape *f*, valve *f*
aber: Ventilation *f* = ventilation *f*
ventilieren *tr* = ventiler
Veteran *m soz Ges Arbeiterveteran* (vieux) militant *m* ouvrier
● *nicht* → vétéran

Vigesimal- *in Zus* vicésimal; *in der Praxis auch* vigésimal
Violine *f* violon *m*
virös *Adj durch ein Virus hervorgerufen* viral
● *nicht* → vireux
Visage *f umg verächtl* trogne *f*, figure *f* déplaisante
● *nicht* → visage
Visier *n* visière *f*
Visitation *f* 1. *Besichtigung* visite *f*; 2. *Jur* visite *f*, fouille *f*
● *nicht* → visitation
Visum *n* visa *m*
vitamin[is]ieren *tr mit Vitaminen anreichern* vitaminer
Vokal *m* voyelle *f*
aber: vokalisch *Adj* = vocalique
Vulkan *m* volcan *m*
aber: vulkanisieren *tr Tech* = vulcaniser

W

Wesir *m veralt mohammedanischer Minister* vizir *m*
Weste *f* gilet *m*
● *nicht* → veste

X

Xylol *n Chem* xylène *m*; *ungereinigt* ⟨xylol *m*⟩

Z

Zelle *f* 1. cellule *f*; 2. *Tel* cabine *f*
Zement *m* ciment *m*
zementieren *tr* cimenter
zensieren *tr* 1. *bewerten* mettre une note à; 2. *prüfen* censurer
Zensur *f* 1. *Wertung* note *f*, mention *f*; 2. *Kontrolle* ⟨censure *f*⟩
Zentrale *f* 1. ⟨centrale *f*⟩; 2. *Tel* central *m*
zentrifugal *Adj Phys* centrifuge
Zentrifuge *f* 1. *Milchwirtschaft* centrifugeur *m*; 2. *Raumsch* centrifugeuse *f*
zentripetal *Adj Phys* centripète
Zeremoniell *n* cérémonie *f*, cérémonial *m*
Zionismus *m Pol* sionisme *m*
zionistisch *Adj* sioniste
Zirkus *m* cirque *m*
Zitat *n* citation *f*
Zivilist *m* civil *m*
● *nicht* → civiliste
Zyan *n* cyanogène *m*
Zyankali[um] *n Chem* cyanure *m*
Zypresse *f* cyprès *m*

Wörter mit orthographischen Besonderheiten

Aggregat *n*	agrégat *m*
Aggression *f*	agression *f*
aggressiv *Adj*	agressif
Aggressor *m*	agresseur *m*
Alkohol *m*	alcool *m*
annullieren *tr*	annuler *tr*
Attrappe *f*	attrape *f*
Bonmot *n*	bon mot *m*
Detektiv *m*	détective *m*
Diphtherie *f*	diphtérie *f*
Diphthong *m*	diphtongue *f*
Drogerie *f*	droguerie *f*
Etappe *f*	étape *f*
Fauxpas *m*	faux pas *m*
Favorit *m*	favori *m*
Giraffe *f*	girafe *f*
Gitarre *f*	guitare *f*
Havarie *f*	avarie *f*
Horizont *m*	horizon *m*
Karaffe *f*	carafe *f*
Komfort *m*	confort *m*
Korrespondenz *f*	correspondance *f*
Madonna *f*	madone *f*
Melancholie *f*	mélancolie *f*
Perücke *f*	perruque *f*
Plattform *f*	plate-forme *f*
Rhythmus *m*	rythme *m*
Robinsonade *f*	robinsonnade *f*
Rum *m*	rhum *m*

Stil *m*	style *m*
Symmetrie *f*	symétrie *f*
symmetrisch *Adj*	symétrique
Tendenz *f*	tendance *f*
Thron *m*	trône *m*
Truppe *f*	troupe *f*
Waggon *m*	wagon *m*
Weekend *n*	week-end *m*
Zigarre *f*	cigare *m*

Wörter mit unterschiedlichem Genus

Achse *f*	axe *m*
Amulett *n*	amulette *f*
Apostroph *m*	apostrophe *f*
Auto(mobil) *n*	auto(mobile) *f*
Bandage *f*	bandage *m*
Bar *f*	bar *m*
Bastion *f*	bastion *m*
Bauxit *n*	bauxite *f*
Box *f*	box *m*
Büste *f*	buste *m*
Chiffre *f*	chiffrc *m*
Chlorophyll *n*	chlorophylle *f*
Dividende *f*	dividende *m*
Domäne *f*	domaine *m*
Episode *f*	épisode *m*
Folklore *f*	folklore *m*
Frikassee *n*	fricassée *f*
Gang *f Bande*	gang *m*
Geste *f*	geste *m*

Girl *n*	girl *f*
Gruppe *f*	groupe *m*
Hemisphäre *f*	hémisphère *m*
Hitparade *f*	hit-parade *m*
Hormon *n*	hormone *f*
Idol *n*	idole *f*
Interview *n*	interview *f*
Jeep *m*	jeep *f*
Karosse *f*	carrosse *m*
Kloake *f*	cloaque *m*
Kokain *n*	cocaïne *f*
Kompott *n*	compote *f*
Kontrolle *f*	contrôle *m*
Koryphäe *f*	coryphée *m*
Likör *m*	liqueur *f*
Manöver *n*	manœuvre *f*
Maske *f*	masque *m*
Metro *f*	métro *m*
Mikrobe *f*	microbe *m*
Million *f*	million *m*
Molekül *n*	molécule *f*
Mosaik *n*	mosaïque *f*
Narzisse *f*	narcisse *m*
Nikotin *n*	nicotine *f*
Oper *f*	opéra *m*
Panther *m*	panthère *f*
Pantoffel *m*	pantoufle *f*
Pedal *n*	pédale *f*
Photo *n*	photo *f*
Pipeline *f*	pipe-line *m*
Planet *m*	planète *f*
Platane *f*	platane *m*
Plazenta *f*	placenta *m*

Puder *m*	poudre *f*
Radio *n*	radio *f*
Rallye *f*	rallye *m*
Rhône *f*	Rhône *m*
Rolle *f*	rôle *m*
Sahara *f*	Sahara *m*
Show *f*	show *m*
Star *m*	star *f*
Terror *m*	terreur *f*
Tilde *f*	tilde *m*
Tour *f*	tour *m*
Trophäe *f*	trophée *m*
Tumor *m*	tumeur *f*
Uniform *f*	uniforme *m*
Urin *m*	urine *f*
Vamp *m*	vamp *f*
Vase *f*	vase *m*
Vitamin *n*	vitamine *f*
Vokabel *f*	vocable *m*
Yacht *f*	yacht *m*
Zeder *f*	cèdre *m*
Zigarre *f*	cigare *m*

Französisch-Deutsch

A

académicien *m* Akademiemitglied *n*
● *nicht* → Akademiker
académie *f* 1. ⟨Akademie *f*⟩; 2. *Mal* Akt *m*; *fam* (nackter) Körper *m*
accessoire *m* 1. ⟨Accessoire *n*⟩; 2. *Theat* Requisit *n*
accessoiriste *m* *Theat* Requisiteur *m*
acclimatation *f* Akklimatisation *f*
acclimater (s') *tr* (*refl* sich) akklimatisieren
acte *m* 1. Akt *m auch Theat*, Handlung *f*, Tat *f*; 2. *Jur* Akte *f*
action *f* 1. ⟨Aktion *f*⟩, Handlung *f*; 2. *Fin* Aktie *f*
activiste *m* (politisch) zielbewußt Handelnder *m*
● *nicht* → Aktivist *(soz Ges)*
additionner *tr* addieren
adresse *f* 1. ⟨Adresse *f*⟩, Anschrift *f*; 2. Geschicklichkeit *f*; 3. *Pol* Grußadresse *f*
affaire *f* 1. ⟨Affäre *f*⟩; 2. *allg* Angelegenheit *f*; 3.: **~s** *Pl auch* Sachen *f/Pl*
agence *f* Agentur *f*; Büro *n*
agitateur *m* *verächtl* Aufwiegler *m*
● *nicht* → Agitator
agitation *f* Erregung *f*, Erregtheit *f*: (öffentliche) Unzufriedenheit *f*
● *nicht* → Agitation
agiter *tr* 1. schütteln; 2. *übertr* aufregen; 3. diskutieren, debattieren
● *nicht* → agitieren

agression *f* 1. *Mil* ⟨Aggression *f*⟩; 2. *allg* Überfall *m auf eine einzelne Person*
aide-mémoire *m* 1. *Pol* ⟨Aide-mémoire *n*⟩, Memorandum *n*; 2. Nachschlagebuch *n*, Leitfaden *m*
alarmer *tr* 1. *übertr* ⟨alarmieren⟩, beunruhigen; 2.: s'~ sich aufregen
albinos *m* Albino *m*
alchimique *Adj* alchimistisch
algébrique *Adj* algebraisch
aliments *m/Pl* 1. Nahrungsmittel *n/Pl*; 2. *Jur* ⟨Alimente *Pl*⟩
alliance *f* 1. ⟨Allianz *f*⟩, Bündnis *n*; 2. Ehering *m*
alpinisme *m* Alpinistik *f*
alto *m Mus* Alt *m*
ambulance *f* Krankenwagen *m*
● *nicht* → Ambulanz
ambulatoire *Adj* 1. *Jur* ohne festen Wohnsitz; 2. *Med* ambulant
● *nicht* → Ambulatorium
amélioration *f Landw* Melioration *f*
amiral *m* Admiral *m*
amnistie *f* Amnestie *f*
amortir *tr* amortisieren
amphithéâtre *m* 1. großer Hörsaal *m einer Universität*, Aula *f*; 2. ⟨Amphitheater *n*⟩
ampoule *f* 1. Ampulle *f*, Fläschchen *n*; 2. *El* Glühbirne *f*; 3. (Haut-) Blase *f*
anachronique *Adj* anachronistisch
analgésique I. *Adj* analgetisch; II. *Subst/m* Analgetikum *n*
analyseur *m Gerät* Analysator *m*
analyste *m* Analytiker *m*
anatomiste *m* Anatom *m*
angliciser *tr* anglisieren
angliciste *m* Anglist *m*

annexer *tr* annektieren
anonymat *m* Anonymität *f*
antenne *f* 1. ⟨Antenne *f*⟩; 2. *TV* Kanal *m*; 3. *Mar* Rahe *f*
antiquaire *m* 1. Antiquitätenhändler *m*; 2. *veralt* Altertumsforscher *m*
● *nicht* → Antiquar
antique *m* antike Kunst(werke) *f(n/Pl)*
● *nicht* → Antike *(Altertum)*
antiquité *f* 1. Antike *f*, Altertum *n*; 2. ⟨Antiquität *f*⟩
apparat *m* Prunk *m*, Glanz *m*
● *nicht* → Apparat
archiviste *m* Archivar *m*
argument *m* 1. ⟨Argument *n*⟩; 2. *Theat, Buch* Exposé *n*
artiste *m* Künstler *m*
● *nicht* → Artist
aspic *m* 1. ⟨Aspik *m, n*⟩; 2. *Zool* Natter *f*
athée I. *Subst/m, f* Atheist(in) *m(f)*; II. *Adj* atheistisch
athlétisme *m* (Leicht-)Athletik *f*
atomique *Adj* atomar
attaquer *tr* 1. ⟨attackieren ⟩, angreifen; 2. beginnen, anfangen
attestation *f* Attest *n*
attraction *f* 1. ⟨Attraktion *f*⟩; 2. Attraktivität *f*
attrape *f* 1. Irreführung *f*; 2. Scherzartikel *m*
● *nicht* → Attrappe
attribut *m* *Gramm* Prädikat *n*
● *nicht* → Attribut
autarcique *Adj* autark
auteur *m* 1. ⟨Autor *m*⟩; 2. *allg* Initiator *m*; Verantwortlicher *m*, Schuldiger *m*
autographe *m* 1. Autogramm *n*; 2. ⟨Autograph *n*⟩ *eigenhändige Niederschrift*
automatisme *m* Automatik *f*
autoritaire *Adj* 1. ⟨autoritär⟩; 2. autoritativ

autorités *f/Pl* Behörden *f/Pl*
avocat *m* Advokat *m*
avorter *intr Med* abortieren

B

balance *f* 1. Waage *f*; 2. *übertr* ⟨Balance *f*⟩, Gleichgewicht *n*; 3. *Fin* Bilanz *f*
ballast *m* Schotter *m*, Kies *m*
● *nicht* → Ballast
balle *f* 1. *Tennis, Hockey* Ball *m*; 2. Kugel *f*, Geschoß *n*; 3. *Hdl* Ballen *m*; 4. *fam, meist Pl* Franc *m*
ballon *m* 1. ⟨Ballon *m*⟩; 2. *Fußball, Rugby* Ball *m*
bander *tr* bandagieren
banderole *f* Wimpel *m*, Fähnchen *n*
● *nicht* → Banderole
banqueroute *f* (strafbarer) Bankrott *m*
banqueroutier *m* Bankrotteur *m*
bar *m* 1. ⟨Bar *f*⟩; 2. (einfache) Imbißstube *f*, kleines Restaurant *n*
baroque *Adj* 1. *Arch* ⟨barock⟩; 2. *übertr* wunderlich; geschmacklos
basse *f Mus* 1. Baß *m*; 2. Bassist *m*
bazar *m* 1. ⟨Basar *m*⟩; 2. *verächtl* Sachen *f/Pl*, Krempel *m*
belles-lettres *f/Pl veralt* Sprache *f* und (schöngeistige) Literatur *f*
● *nicht* → Belletristik
benzine *f* Waschbenzin *n*
● *nicht* → Benzin
bifteck *m Kochk* Steak *n*
● *nicht* → Beefsteak

bilan *m* Bilanz *f*
bibliothèque *f* 1. ⟨Bibliothek *f*⟩; 2. Bücherschrank *m*
billet *m* 1. (Eintritts-)Karte *f;* 2. (Geld-)Schein *m;* 3. (kleiner) Zettel *m für Mitteilungen*
billion *m* 1. *ehem* Milliarde *f;* 2. *seit 1948* ⟨Billion *f*⟩ (10^{12})
blâmable *Adj* tadelnswert
● *nicht* → blamabel
blâmer *tr* tadeln
● *nicht* → blamieren
blockhaus *m Mil* (kleine) Festungsanlage *f*
● *nicht* Blockhaus
blonde *f* Blondine *f*
blouse *f* 1. (Arbeits-) Kittel *m z. B. des Arztes*; Hemdbluse *f*; 2. (Damen-) ⟨Bluse *f*⟩
bohémien *m* Zigeuner *m*
● *nicht* → Bohemien
bonbonnière *f* 1. kleine Bonbondose *f aus Porzellan od. Silber;* 2. geschmackvoll eingerichtetes Zimmer *n*
● *nicht* → Bonbonniere
botaniste *m* Botaniker *m*
bouddhique *Adj* buddhistisch
bouquet *m* 1. ⟨Bukett *n i. v. B.*⟩; 2. *übertr fam:* **c'est le ~** das fehlte noch (zu allem Übel)
bourg *m* kleines Dorf *n*, Marktflecken *m*
bourgeoise *f* 1. Angehörige *f* der Bourgeoisie; 2. *pop* (Ehe-) Frau *f*
bourse *f* 1. ⟨Börse *f*⟩; 2. Stipendium *n*
boycottage *m* Boykott *m*
brave *Adj* 1. tapfer; 2. ehrlich; gut(mütig)
● *nicht* → brav *(Kind)*
brigadier *m Mil* Brigadegeneral *m*
● *nicht* → Brigadier *m (soz Ges)*

brillance *f Astr, Phys* Leuchtdichte *f*, Helligkeit *f*
● *nicht* → Brillanz
briquet *m* Feuerzeug *n*
● *nicht* → Brikett
brisant I. *Adj Tech* schnell verbrennend, explosiv; II. *Subst/m, meist:* ~s *Pl* Brandung *f*; Klippe *f*
● *nicht* → brisant
britannique *Adj* britisch
broche *f* 1. ⟨Brosche *f*⟩; 2. (Brat-)Spieß *m*
bromure *m Chem* Bromid *n*
brune *f* Brünette *f*
brusque *Adj* 1. ⟨brüsk⟩; 2. plötzlich, unvermittelt
brusquer *tr* 1. ⟨brüskieren⟩; 2. beschleunigen; überstürzen
brutal *Adj* 1. ⟨brutal⟩; 2. plötzlich, unerwartet
buffet *m* 1. ⟨Büfett *n*⟩; 2. *spez* Bahnhofsgaststätte *f*
bureau *m* 1. ⟨Büro *n*⟩; 2. Schreibtisch *m*

C

cabaret *m* 1. Nachtlokal *n*, Nachtbar *f*; 2. ⟨Kabarett *n*⟩; 3. *veralt* Schenke *f*, Ausschank *m*
cabinet *m* 1. *Kunst, Pol* ⟨Kabinett *n*⟩; 2.: ~ **de toilette** kleine Waschecke *f*; 3. *spez, meist:* ~s *Pl* Toilette *f*, WC *n*
cadavre *m* Leiche *f*, Leichnam *m*
● *nicht* → Kadaver
caféine *f* Koffein *n*
calcul *m* 1. Kalkulation *f*; Rechnen *n*; 2. ⟨Kalkül *n*⟩; 3. *Med* (Nieren-, Gallen-)Stein *m*
camarade *m* 1. ⟨Kamerad *m*⟩; ~ **d'études** Kommilitone *m*; 2. *Partei* Genosse *m*; *Gewerkschaft* Kollege *m*
campagne *f* 1. Land *n im Ggs zur Stadt*; 2. ⟨Kampagne *f*⟩

canapé *m* 1. Liege *f;* 2. *Kochk* belegtes Weißbrot *n*
canon *m* 1. Kanone *f*; 2. ⟨Kanon *m*⟩ *auch Mus*, Regel *f*
cantine *f* 1. ⟨Kantine *f*⟩; 2. (kleiner Holz-)Koffer *m*
capacité *f* 1. *Tech* ⟨Kapazität *f*⟩; 2. *oft:* ~s *Pl* Fähigkeit *f*; 3. *Jur* Rechts-, Geschäftsfähigkeit *f*
caractère *m* 1. ⟨Charakter *m*⟩; 2. Buchstabe *m*
caractérisé *Adj* offensichtlich, deutlich, klar
caravane *f* 1. ⟨Karawane *f*⟩; 2. *mod* Wohnwagen(anhänger) *m*
caricaturer *tr* karikieren
carie *f Med* Karies *f*
carnaval *m* Karneval *m*
carotène *m Chem* Karotin *n*
carré *Adj* 1. viereckig, quadratisch; 2. *übertr* entschieden, klar, kategorisch
● *nicht* → kariert
carrière *f* 1. ⟨Karriere *f*⟩, Laufbahn *f*; 2. Steinbruch *m*
carrousel *m Hist* Ringel[bahn]stechen *n Reiterübung*
● *nicht* → Karussell
carton *m* 1. ⟨Karton *m*⟩ *Material, Behältnis;* 2.: ~ **à dessin** Zeichenmappe *f*; 3. *Sport* Karte *f* des Schiedsrichters
cascadeur *m* 1. *Film* ⟨Kaskadeur *m*⟩; 2. *fam* Lebemann *m*
catalyseur *m Chem* Katalysator *m*
catastrophique *Adj* katastrophal
cavalier I. *Subst/m* 1. Reiter *m*; 2. *Mil veralt* Kavallerist *m*; 3. ⟨Kavalier *m*⟩; 4. *Schach* Springer *m*; 5.: ~ **d'industrie** Hochstapler *m;* II. *Adj* 1. *veralt* kavaliersmäßig, fein; 2. *mod verächtl* rücksichtslos; unfein
censeur *m* 1. ⟨Zensor *m*⟩; Kritiker *m*; 2. Aufsichtsperson *f in einem Lyzeum*
chaise-longue *f* Liegestuhl *m*
● *nicht* → Chaiselongue
châle *m* (Schulter-)Tuch *n für Frauen*
● *nicht* → Schal

chansonnette *f* kleines Lied *n*
● *nicht* → Chansonette
charlatanisme *m* Scharlatanerie *f*
charme *m* 1. ⟨Charme *m*⟩, Zauber *m*; 2. *Bot* Weißbuche *f*; **se porter comme un ~** sich bester Gesundheit erfreuen
charmeuse *f selten* verführerische Frau *f*
● *nicht* → Charmeuse *(Stoffart)*
chauffeur *m* 1. ⟨Chauffeur *m*⟩, Fahrer *m*; 2. Heizer *m*
chauvin 1. *Adj* chauvinistisch; 2. *Subst/m* Chauvinist *m*
chicane *f* 1. ⟨Schikane *f*⟩; 2. *verächtl* Verfahren *n*; 3. (spitzfindiger) Einwand *m*; Streit(süchtigkeit) *m(f)*
chicaner I. *tr* ⟨schikanieren⟩; II. *intr* nörgeln, meckern
chiffre *m* 1. Ziffer *f*; 2. ⟨Chiffre *f*⟩; **~ d'affaires** *Hdl* Umsatz *m*
chimie *f* Chemie *f*
chimiothérapie *f* Chemotherapie *f*
chimiste *m* Chemiker *m*
chlorure *m* Chlorid *n*
chocolat *m* Schokolade *f*
cholérique *m* Cholerakranker *m*
● *nicht* → Choleriker
chorégraphie *f* Choreographie *f*
chroniqueur *m* 1. Chronist *m*; 2. *Ztgsw* Berichterstatter *m*
citation *f* 1. Zitat *n*; 2. *Mil* Belobigung *f*
civiliste *m Jur* Zivilrechtler *m*
● *nicht* → Zivilist
classicisme *m* Klassik *f*
clause *f* Klausel *f*, Vorbehalt *m*
● *nicht* → Klause
clavier *m* Klaviatur *f*; Tastatur *f auch der Schreibmaschine*
● *nicht* → Klavier
climatérique 1. *Adj* klimakterisch (*oft fälschlich für* climatique [= klimatisch] *gebraucht*); 2. *Subst/f* Klimakterium *n*
code *m* 1. Kodex *m*, Gesetzbuch *n*; 2. ⟨Kode *m*⟩

codex *m* (amtliches) Arzneibuch *n*
● *nicht* → Kodex
coffre *m* 1. Kasten *m* 2. *Auto* Kofferraum *m*
● *nicht* → Koffer
collage *m* 1. ⟨Collage *f*⟩; 2. *fam* Konkubinat *n*
collectiviser *tr* kollektivieren
collégial *Adj Rel* Stifts-
● *nicht* → kollegial
colon *m* Kolonist *m*
combinaison *f* 1. Kombination *f*; 2. Unterkleid *n*, Unterrock *m*
combine *f pop* Trick *m*
● *nicht* → Kombine
comma *m Mus* Intervall *n*
● *nicht* → Komma
commandant *m* 1. ⟨Kommandant *m*⟩; 2. Kommandeur *m*
commander *tr* 1. ⟨kommandieren⟩, befehlen; 2. bestellen
commission *f* 1. ⟨Kommission *f*⟩; 2. Provision *f*
communard *m* 1. *Hist* ⟨Kommunarde *m*⟩; 2. *Hotelw* Personalkoch *m*
compact *Adj* 1. ⟨kompakt⟩; 2. massiv, stark; **majorité** *f* ~**e** große Mehrheit *f*
compagnon *m* Gefährte *m*, Freund *m*, Kamerad *m*
● *nicht* → Kompagnon
compas *m* 1. *Geom, Tech* Zirkel *m*; 2. *Mar* Kompaß *m*
complication *f* 1. ⟨Komplikation *f*⟩; 2. Kompliziertheit *f*
complice *m* 1. ⟨Komplize *m*⟩; 2. *pos* Rivale *m*
compositeur *m* 1. *Mus* Komponist *m*; 2. *Typ* Schriftsetzer *m*
composition *f* 1. ⟨Komposition *f*⟩ *auch Mus*, Zusammensetzung *f*; 2. (Schul-)Aufsatz *m*
compromettre *tr* 1. ⟨kompromittieren⟩; blamieren; 2. *allg* gefährden, bedrohen, aufs Spiel setzen

concept *m* Begriff *m*
● *nicht* → Konzept
conception *f* 1. ⟨Konzeption *f*⟩; 2. *Med* Empfängnis *f*
concours *m* 1. Mitwirkung *f*; 2. Wettbewerb *m*; 3. Preisausschreiben *n*
● *nicht* → Konkurs
condoléance *f* Kondolenz *f*
conférence *f* 1. ⟨Konferenz *f*⟩; 2. Vortrag *m*, (Universitäts-) Vorlesung *f*
conférencier *m* Redner *m*, Vortragender *m*
● *nicht* → Conférencier
confrontation *f Jur* Gegenüberstellung *f*, Vergleich *m*
● *nicht* → Konfrontation *(Pol)*
confus *Adj* 1. beschämt *in pos Bed*; 2. ⟨konfus⟩, unklar
confusion *f* 1. Beschämung *f*; Verlegenheit *f*, Betretenheit *f*; 2. ⟨Konfusion *f*⟩, Verworrenheit *f*
conjonctif *Adj* verbindend, Binde-; konjunktiv
● *nicht* → Konjunktiv
conservateur *Adj* konservativ
conspirateur *Adj Pol* konspirativ
consumer *tr übertr* verzehren
● *nicht* → konsumieren
convalescence *f Med* Rekonvaleszenz *f*
convalescent *Adj Med* rekonvaleszent
copie *f* 1. ⟨Kopie *f*⟩; 2. *Schule* (Reinschrift-, Aufsatz-) Heft *n*
coquet *Adj* 1. ⟨kokett⟩; 2. nett, hübsch
corporal *m* Meßtuch *n für die Hostie*
● *nicht* → Korporal
correction *f* 1. Korrektur *f*; Korrigieren *n*; 2. Korrektheit *f*, Richtigkeit *f*
correspondant *m* 1. ⟨Korrespondent *m*⟩; 2. *Tel* Gesprächsteilnehmer *m*

costume *m* (Herren-)Anzug *m*
● *nicht* → Kostüm
coulant *Adj* 1. *Wein* süffig; 2. *Stil* flüssig; 3. ⟨kulant⟩, großzügig
cour *f* Hof *m*
● *nicht* → Cour
courrier *m* 1. Post *f*, Briefe *m/Pl*; 2. *Hist* ⟨Kurier *m*⟩
couvert *m* 1. (Tafel-)Gedeck *n*; 2. Besteck *n*
● *nicht* → Kuvert *(Briefumschlag)*
crasse *Adj/f* 1. *veralt* dick, fett; 2. *mod:* **ignorance** *f* ~ grobe Unwissenheit *f, in der man sich gefällt*
critiquer *tr* kritisieren
curer *tr* reinigen
● *nicht* → kurieren
aber: cure *f* = Kur *f*
curieux *Adj* 1. ⟨kurios⟩, seltsam; 2. neugierig
curiosité *f* 1. ⟨Kuriosität *f*⟩, Sehenswürdigkeit *f*; 2. Neugierde *f*
cursif *Adj:* **écriture** *f* **cursive** Schreibschrift *f*
● *nicht* → kursiv

D

décent *Adj* anständig *i. w. S.*, dezent
déchiffrer *tr* 1. ⟨dechiffrieren⟩; entziffern; 2. *Mus* vom Blatt spielen *od* singen; **ne pas savoir** ~ keine Noten lesen können
décliner I. *tr* 1. *Gramm* ⟨deklinieren⟩; 2. *Auszeichnung, Preis, Verantwortung* ablehnen; 3. *Namen u. dgl.* nennen; 4. *Jur* anzweifeln; II. *intr* sich neigen, zu Ende gehen; schwächer werden
décoration *f* 1. ⟨Dekoration *f*⟩; 2. Orden *m*, Auszeichnung *f*

défilé *m* 1. ⟨Défilé *n*⟩, Parade *f*; 2. (Gebirgs-)Paß *m*
dégénérer *intr* 1. ⟨degenerieren⟩; 2. *allg* ausarten (**en** in)
délicatesse *f* Delikatesse *f Zartgefühl*
déloyal *Adj* illoyal
démolir *tr* 1. ⟨demolieren⟩, ein-, abreißen; zerstören, vernichten; 2. *Ansehen* untergraben; 3. *Personen* kampfunfähig machen; ruinieren; ermüden
démonté *Adj* 1. ⟨demontiert⟩; 2. *See* bewegt; 3. verwirrt
démoraliser *tr* 1. ⟨demoralisieren⟩; 2. *allg* entmutigen
dénoncer *tr* 1. ⟨denunzieren⟩, anzeigen; 2. *Vertrag* aufkündigen; 3. künden von, verraten *in pos Bed*
dénonciateur *m* Denunziant *m*
dépôts *m/Pl* 1. Depositen *Pl*; 2. ⟨Depots *n/Pl*⟩
diagnose *f* 1. Diagnostik *f*, Diagnoselehre *f*; 2. *Biol* ⟨Diagnose *f*⟩
● *nicht* → Diagnose *(Med)*
diapo(sitive) *f* Dia(positiv) *n*
diète 1. *Med* ⟨Diät *f*⟩; 2. *umg* völliger Nahrungsentzug *m*; 3. *Hist* Landtag *m*; Reichstag *m*
direction *f* 1. Richtung *f*; 2. ⟨Direktion *f*⟩, Leitung *f*; Direktorat *n*; 3. *Kfz* Steuerung *f*; 4. Dirigat *n*
dirigeant *m* Führer *m*, Leiter *m*
● *nicht* → Dirigent
discrétion *f* 1. ⟨Diskretion *f*⟩; 2.: **à** ~ nach Belieben
dissertation *f* 1. (wissenschaftliche, gelehrte) Abhandlung *f*; 2. *Schule* Aufsatz *m über ein literarisches od. philosophisches Thema*
● *nicht* → Dissertation
distancé *Part Perf* überholt, überflügelt
● *nicht* → distanziert
distant *Adj* distanziert, reserviert
diva *f veralt* (renommierte) Sängerin *f*
● *nicht* → Diva *(Filmstar)*

dôme *m* Kuppel(dach) *f(n)*
● *nicht* → Dom
don-quichottisme *m* Donquichotterie *f*
double *m* 1. Dublette *f*; 2. Kopie *f*, Duplikat *n*; 3. *Sport* Doppel *n*
● *nicht* → Double *(Film)*
dragée *f* 1. Süßigkeit *f aus Mandeln, Nüssen*; 2. *Pharm* ⟨Dragee *n*⟩; 3. *Landw* Futtergemisch *n*, Mengkorn *n*
dramatique *f* Fernsehspiel *n*; ~ **policière** Fernsehkrimi *m*
dramaturge *m Lit* Dramatiker *m*
● *nicht* → Dramaturg
drastique *Adj Abführmittel* stark wirkend
● *nicht* → drastisch
dressage *m* Dressur *f*
dynamisme *m übertr* Dynamik *f*, Schwung *m*

E

éclectisme *m* Eklektizismus *m*
effectif *Adj* ⟨effektiv⟩, tatsächlich
églogue *f* Ekloge *f*
embryon *m* Embryo *m*
émérite *Adj* 1. kompetent, bedeutend; 2. *veralt* ⟨emeritiert⟩
émigrant *m* Auswanderer *m*, Siedler *m*
● *nicht* → Emigrant
émigré *m* Emigrant *m*
empirisme *m* 1. Empirie *f*; 2. ⟨Empirismus *m*⟩
engager *tr* 1. einstellen, ⟨engagieren⟩; 2. verpflichten; 3. beginnen
ermitage *m* Eremitage *f*
ermite *m* Eremit *m*

érotisme *m* Erotik *f*
érotogène *Adj* erogen
escalade *f* Eskalation *f*
essence *f* 1. Benzin *n*; 2. *i. v. B.* Essenz *f*
esthéticienne *f* Kosmetikerin *f*
état *m* Zustand *m*; Stand *m*
● *nicht* → Etat
État *m* Staat *m*
● *nicht* → Etat
éthique *f* 1. ⟨Ethik *f*⟩; 2. Ethos *n*
étiquette *f* 1. Etikett *n*, Aufkleber *m*; *spez* (aufgeklebtes) Preisschildchen *n*; 2. ⟨Etikette *f*⟩; Sitte *f*, Vorschrift *f*
étymologiste *m* Etymologe *m*
exécuter *tr* 1. ⟨exekutieren⟩, hinrichten; 2. *allg Arbeit* ausführen; 3. *Jur Schuldner* pfänden; 4.: **s'~** sich dazu entschließen, dazu bereit sein
exécutif *m Pol* Exekutive *f*
exotisme *m* Exotik *f*
expédient *m* Ausweg *m*, Notbehelf *m*
● *nicht* → Expedient
expéditeur *m* Expedient *m*
expérience *f* 1. Erfahrung *f*; 2. Experiment *n*
exploser *intr* explodieren
exportateur *m* Exporteur *m*
exportation *f* Export *m*
extrait *m* 1. ⟨Extrakt *m*⟩; 2. Exzerpt *n*

F

fabrication *f* 1. ⟨Fabrikation *f*⟩, Herstellung *f*; 2. Fabrikat *n*
facteur *m* 1. ⟨Faktor *m*⟩, Moment *n*; 2. Postbote *m*, Briefträger *m*
factum *m Jur* Schriftsatz *m*; Streitschrift *f*
● *nicht* → Faktum
fameux *Adj* berühmt
● *nicht* → famos
familial *Adj* familiär
familier *Adj* vertraut, vertraulich
● *nicht* → familiär
fantaisie *f* 1. Phantasie *f*; *Mus* Fantasie *f*; 2. (plötzlicher) Einfall *m*, Anwandlung *f*
fatal *Adj* 1. verhängnisvoll; **femme** *f* **~e** anziehende, unwiderstehliche Frau *f*; 2. unausbleiblich, nicht zu verhindern(d)
● *nicht* → fatal *(peinlich)*
faux pas *m* 1.: **faire un ~** stolpern; 2. *übertr* Fehler *m*, Schwäche *f*, Fehlverhalten *n*; 3. *mod auch* Fauxpas *m Taktlosigkeit*
feuilleton *m* 1. Feuilleton *n*; 2. Fernsehfolge *f*; Hörfolge *f*
fidèle *Adj* treu
● *nicht* → fidel *(umg)*
figure *f* 1. ⟨Figur *f*⟩; 2. Gesicht *n*, Aussehen *n*
filiale *f* Tochtergesellschaft *f*
● *nicht* → Filiale
filigrane *m* 1. ⟨Filigran *n*⟩; 2. Wasserzeichen *n*
fleuriste *m* Blumenhändler *m*
● *nicht* → Florist *(Blumenzüchter)*
folklorique *Adj* folkloristisch
forcer *tr* zwingen
● *nicht* → forcieren

formel *Adj* 1. klar, deutlich, unmißverständlich; 2. formal; 3. ⟨formell⟩

formule *f* 1. *i. v. B.* Formel *f*; 2. Aufmachung *f z. B. einer Zeitung*

formuler *tr* 1. ⟨formulieren⟩; 2. *Wunsch* zum Ausdruck bringen, äußern; *Klage* vorbringen; 3. *Rezept* (aus)schreiben

fournir *tr* liefern

● *nicht* → furnieren

fourrage *m* Viehfutter *n*

● *nicht* → Furage *(Mil)*

foyer *m* 1. Herd *m auch Med*; Kamin *m*; 2. Heim *n*; Haushalt *m*, Familie *f*; **fonder un** ~ heiraten, eine Familie gründen; 3. *Phys* Fokus *m*, Brennpunkt *m*; 4. *Theat* ⟨Foyer *n*⟩

fraction *f* 1. Teil *m*; 2. *Math* Bruch *m*; 3. *Pol* Fraktionsbildung *f*, Abspaltung *f*

friser *tr Haar* kräuseln, brennen

● *nicht* → frisieren

frisure *f* (Haar-)Krause *f*

● *nicht* → Frisur

frivole *Adj* unernst; unbedeutend, unnütz,; oberflächlich

● *nicht* → frivol

frivolité *f* Unernst *m*, Leichtfertigkeit *f*; Oberflächlichkeit *f*; ~**s** *Pl* kleine Modeartikel *m/Pl*; Tand *m*

● *nicht* → Frivolität

front *m* 1. ⟨Front *f*⟩; 2. *Anat* Stirn *f*

frontal *Adj* Stirn-; stirnseitig, frontal

frottée *f* (Tracht *f*) Prügel *Pl*, *fam* Abreibung *f*

● *nicht* → Frottee

G

galerie *f* 1. ⟨Galerie *f*⟩; 2. *Bergb* Stollen *m*; 3. *Theat* (obere) Loge *f*

Galice *f* Galicien *n (Nordwestspanien)*

Galicie *f* Galizien *n (Nordkarpaten)*

Galles: pays *m* **de ~** Wales *n*

gallois *Adj* walisisch, aus Wales

● *nicht* → gallisch

garage *m* 1. ⟨Garage *f*⟩; 2. Autowerkstatt *f*

garde-robe *f* 1. Kleiderschrank *m*; 2. ⟨Garderobe *f*⟩ *Kleidung*

● *nicht* → Garderobe *(Kleiderablage)*

garnir *tr* 1. ⟨garnieren⟩; 2. schmücken, verzieren; 3. möblieren

garniture *f* 1. ⟨Garnitur *f*⟩ *Besatz, Verzierung, Satz*; 2. *Kochk* Beilage *f*, Garnierung *f*; 3. *Tech* Beschlag *m*

gastronome *m* Feinschmecker *m*

● *nicht* → Gastronom

gêné *Adj* knapp bei Kasse, ohne Geld

gêner *tr* 1. *Schuhe* drücken; 2. behindern; 3. ⟨genieren⟩

génie *m* 1. ⟨Genie *n*⟩; 2. Genius *m*; 3. *Mil* Pioniere *m/Pl*

glose *f* Glosse *f*

gouvernante *f* 1. *veralt* ⟨Gouvernante *f*⟩; 2. *Hotelw* Beschließerin *f*

gracieux *Adj* 1. ⟨graziös⟩, anmutig; 2. kostenlos; freiwillig

gravité *f* 1. ⟨Gravität *f*⟩, (steife) Würde *f*; 2. Gewichtigkeit *f*, Schwere *f*; 3. schlimme Folgen *f/Pl*, Gefährlichkeit *f*

gymnase *m* Turnhalle *f*, Turnplatz *m*

● *nicht* → Gymnasium

gypse *m* *Tech* Kalkgips

H

habilitation *f Jur* Befähigung *f*, Berechtigung *f*
● *nicht* → Habilitation
habiliter *tr Jur* befähigen
● *nicht* → habilitieren (sich)
halle *f* (große) Markthalle *f*; Speicher *m*
● *nicht* → Halle
harmoniser *intr* harmonieren
hase *f* Häsin *f*, Hasenweibchen *n*
● *nicht* Hase
hectique *Adj Med:* **fièvre** *f* ~ chronisches, auszehrendes Fieber *n*
● *nicht* → hektisch
hellénisme *m* 1. *Ling* Gräzismus *m*; 2. *Hist* ⟨Hellenismus *m*⟩
histologiste *m Med* Histologe *m*
honoraire *Adj:* **professeur** *m* ~ emeritierter Professor *m*
● *nicht* → Honorarprofessor
horst *m* Aufschüttung *f*, Damm *m*
● *nicht* Horst
humoriste *m* 1. ⟨Humorist *m*⟩; 2. Karikaturist *m*
hydrogéner *tr Chem* hydrieren
hygiénique *Adj:* **papier** *m* ~ Toilettenpapier *n*
hygiéniste *m* Hygieniker *m*

I

iconographie *f* 1. *Ztgsw* Bildmaterial *n*; Bildgestaltung *f*; 2. ⟨Ikonographie *f*⟩
idiotisme *m Ling* Spracheigentümlichkeit *f*

ignorer *tr* 1. nicht wissen, nicht kennen; 2. *selten* ignorieren
immatriculation *f* Eintragung *f* (in ein Register); **plaque** *f* **d'~** *Kfz* Nummernschild *n*
● *nicht* → Immatrikulation
immatriculer *tr* eintragen
● *nicht* → immatrikulieren
immeuble *m* (mehrstöckiges) Wohnhaus *n*; Grundstück *n*
immunisé *Adj* 1. ⟨immunisiert ⟩; 2. immun
impertinent *Adj* 1. albern, ungereimt, unsinnig; 2. ⟨impertinent⟩, unverschämt
importateur *m* Importeur *m*
importation *f* Import *m*
impotence *f* Lähmung *f*; Gebrechlichkeit *f*
● *nicht* → Impotenz
impotent *Adj* gebrechlich; lahm
● *nicht* → impotent
impression *f* 1. ⟨Impression *f*⟩, Eindruck *m*; 2. *Typ* Druck *m*, Drucken *n*
impulsion *f* Impuls *m*
inclusif *Adj* einschließend
● *nicht* → inklusiv[e]
indécent *Adj* 1. ⟨indezent⟩, unanständig; 2. unverschämt
indien *Adj* 1. indisch; 2. indianisch, Indio-
Indien *m* 1. Inder *m*; 2. Indianer *m*, Indio *m*
individu *m* 1. *Soziol* Individuum *n*, Einzelmensch *m*, Einzelwesen *n*; 2. *allg, oft verächtl* (unbekannte) Person *f*; (unbekannter) Mann *m*, Unbekannter *m*
inflationniste *Adj* inflationär
informateur *m* Informant *m*
inorganique *Adj* anorganisch
insolvabilité *f* *Fin* Insolvenz *f*
insolvable *Adj* *Fin* insolvent

inspecteur *m* 1. ⟨Inspektor *m*⟩, Aufseher *m;* 2. Inspizient *m;* 3. *Schule* Direktor *m*

instruction *f* 1. ⟨Instruktion *f*⟩, Anweisung *f*; 2. Bildung *f*, Ausbildung *f*; 3. *Jur:* **juge** *m* **d'~** Untersuchungsrichter *m*

instrumentiste *m Mus* Instrumentalist *m*

intelligence *f* 1. ⟨Intelligenz *f*⟩, Verstand *m*; 2. Einverständnis *n*, Einvernehmen *n*; Eintracht *f*; 3. *übertr Person* kluger Kopf *m*, Kapazität *f*

intendant *m* Verwalter *m*

● *nicht* → Intendant *(Theat)*

intéressant *Adj* 1. ⟨interessant⟩; 2. gewinnversprechend, lohnend

intéressé *m* Interessent *m*

intérêts *m/Pl* 1. ⟨Interessen *n/Pl*⟩; 2. *Fin* Zinsen *m/Pl*

internat *m* 1. ⟨Internat *n*⟩; 2. Assistenzarztstelle *f*; Assistenzarztprüfung *f*; Dauer *f* der Assistententätigkeit

interne I. *Adj* ⟨intern⟩; inner, Innen-; II. *Subst/m* 1. Internatsbewohner *m*, Interner *m*; 2. Assistenzarzt *m*

interprète *m* 1. ⟨Interpret *m*⟩; 2. Dolmetscher *m*

intervenir *intr* 1. *Mil, Jur* ⟨intervenieren⟩; 2. *allg* sich einschalten; eingreifen; helfen

intervention *f* 1. ⟨Intervention *f*⟩; 2. Wortmeldung *f*, Diskussionsbeitrag *m*

intime I. *Adj* 1. tiefst, innerst; 2. ⟨intim⟩, vertraut, eng verbunden; 3. geheim, privat; 4. gemütlich; im kleinen Kreis; II. *Subst/m* Intimus *m*, Vertrauter *m*, enger Freund *m*

● *nicht* → intim *(sexuell)*

inventaire *m* 1. ⟨Inventar *n*⟩; 2. Inventur *f*

irriter *tr* reizen, erregen; ärgern

● *nicht* → irritieren *(verwirren)*

J

jalousie *f* 1. Eifersucht *f*; 2. ⟨Jalousie *f*⟩
jaquette *f* 1. *bis in die Kniekehle reichende, vorn abgerundete* (Herren-)Jacke *f*; 2. (Damen-)Jacke *f*; 3. *Buchw* Schutzumschlag *m*
● *nicht* → Jackett
jubilaire *m* Person *f*, die 50 Jahre im Dienst ist
● *nicht* → Jubilar *(allg)*
jubilé *m* 50jähriges Dienstjubiläum *n*
● *nicht* → Jubiläum *(allg)*
juridique *Adj* juristisch
justice *f* 1. Gerechtigkeit *f*; 2. ⟨Justiz *f*⟩

K

képi *m* Schirmmütze *f der franz. Polizisten u. Militärs*
● *nicht* → Käppi
kermesse *f* 1. Kirmes *f*; 2. *große* Festveranstaltung *f im Freien*
krach *m Fin* Börsenkrach *m*, Bankrott *m*
● *nicht* Krach

L

labile *Adj* 1. *Biol, Chem* unbeständig, leicht zerfallend, leicht zerstörbar; 2. *übertr Gedächtnis* schwach
● *nicht* → labil
laborantin *m* Laborant *m*

lâche *Adj* 1. lose; 2. feige
lanterne *f* Laterne *f*
laque I. *f* (Gummi-)Lack *m*; II. *m* Lackfirnis *m*
lazaret *m* Quarantänestation *f* in *(Flug-)Häfen, Grenzstationen*
● *nicht* → Lazarett
légat *m Hist* ⟨Legat *m*⟩
léger *Adj* 1. leicht; 2. ⟨leger⟩, ungezwungen; 3. leichtfertig
libelle *m* Schmähschrift *f*
● *nicht* → Libelle
libéral *Adj* 1. ⟨liberal⟩; 2. freigebig, großzügig
licence *f* 1. ⟨Lizenz *f*⟩, Erlaubnis *f*; 2. Staatsexamen *n*
lieutenant *m* Oberleutnant *m*
● *nicht* → Leutnant
linéal *Adj* Linien-
lippe *f* dicke, hervorstehende Lippe *f*
● *nicht* Lippe *(allg)*
liqueur *f* 1. ⟨Likör *m*⟩; 2. *Med* Liquor *m*, Körperflüssigkeit *f*
littérateur *m* Literat *m*, Schriftsteller *m*, Literaturschaffender *m*
localité *f* 1. ⟨Lokalität *f*⟩, Lokal *n*; 2. Kleinstadt *f*; Dorf *n*; Ort *m*
luxurieux *Adj* wollüstig, unzüchtig
● *nicht* → luxuriös

M

machinal *Adj übertr* automatisch; unwillkürlich
● *nicht* → maschinell
machine *f* 1. *i. v. B.* ⟨Maschine *f*⟩; 2. *Pol* Maschinerie *f*

machinerie *f* 1. Maschinenraum *m*; 2. *Tech* ⟨Maschinerie *f*⟩
machiniste *m* 1. *Theat* Bühnenarbeiter *m*; 2. *veralt* ⟨Maschinist *m*⟩
magistrat *m* (hoher) Verwaltungsbeamter *m*; Justizbeamter *m*; Stadtverordneter *m*
● *nicht* → Magistrat
maîtresse *f* 1. (Grundschul-) Lehrerin *f*; 2. *veralt* ⟨Mätresse *f*⟩
major *m Mil* Stabsarzt *m*
● *nicht* → Major
majorité *f* 1. ⟨Majorität *f*⟩, Mehrheit *f*; 2. Majorennität *f*, Volljährigkeit *f*
mam'selle, mam'zelle *f pop* (= mademoiselle) «Frollein» *n* (= Fräulein)
● *nicht* → Mamsell *(Kochk)*
manchette *f* 1. ⟨Manschette *f*⟩; 2. *Ztgsw* Schlagzeile *f*; 3. *Typ* Randbemerkung *f*, Randtext *m*
manège *m* 1. Dressur *f*; 2. ⟨Manege *f*⟩; 3.: ~ **(des chevaux de bois)** Karussell *n*
manganèse *m* Mangan *n*
manitou *m* 1. ⟨Manitu *m*⟩ *indian. Schutzgeist*; 2. *fam:* **(grand)** ~ hohe, einflußreiche Persönlichkeit *f*
mannequin *m* 1. ⟨Mannequin *n*⟩; Gliederpuppe *f*; 2. Tragkorb *m* des Gärtners
manœuvre I. *f* 1. Handarbeit *f*; 2. *Eisenb* Rangieren *n*; 3. *Mil* ⟨Manöver *n*⟩; II. *m* Handlanger *m*, Handarbeiter *m*
maraud *m veralt* Schelm *m*, Schurke *m*
● *nicht* → marode *(Adj)*
marine I. *f* 1. ⟨Marine *f*⟩; 2. *Mal* Seestück *n*; II. *m* Marinesoldat *m*
marmelade *f* Mus *n*
● *nicht* → Marmelade
marquer I. *tr* 1. kennzeichnen; prägen; anzeigen; *übertr jmdn.* zeichnen; 2. zeugen von, bezeugen; II. *intr* einen

dauerhaften Eindruck hinterlassen; *fam:* ~ **mal** einen schlechten Eindruck machen; 2. *Fußball* verwandeln
● *nicht* → markieren
massacre *m* 1. ⟨Massaker *n*⟩; 2. Pfuscharbeit *f*
masse *f* 1. *i. v. B.* ⟨Masse *f*⟩; 2. Keule *f*; Steinhammer *m*
matériel I. *Subst/m* Material *n*; II. *Adj* 1. ⟨materiell⟩; 2. *übertr* körperlich, sinnlich
matinée *f* 1. Vormittag *m*, Morgen *m*; 2. *Theat* Nachmittagsveranstaltung *f*
● *nicht* → Matinee
médecine *f* Medizin *f (Disziplin)*
melon *m* Zuckermelone *f mit gelblichem Fruchtfleisch*
mémorial *m* 1. *mod* Denkmal *n*; 2. *veralt* Tagebuch *n*; Memoiren *Pl*
messin *Adj* Metzer, aus Metz
● *nicht* aus Messina
Messin(e) *m(f)* Metzer(in) *m(f)*, Einwohner(in) *m(f)* von Metz
● *nicht* Einwohner(in) von Messina
méthodologie *f* 1. ⟨Methodologie *f*⟩; 2. Methodik *f*
métropole *f* Mutterland *n gegenüber Überseeterritorien*
● *nicht* → Metropole
Mexico Mexiko-Stadt
● *nicht* → Mexiko *(Land)*
milieu *m* 1. Mitte *f*; 2. ⟨Milieu *n*⟩, Umwelt *f*; *bes:* **~x** *Pl* Kreise *m/Pl*; **dans les ~x littéraires (intellectuels)** in literarischen (Intellektuellen-) Kreisen
mine *f* 1. Miene *f*, Gesicht(sausdruck) *n(m)*; 2. ⟨Mine *f*⟩, Grube *f*; 3. *übertr* Fundgrube *f*
minéral *Adj:* **chimie** *f* **~e** anorganische Chemie *f*
minéralogiste *m* Mineraloge *m*
minimal *Adj* Minimum-
● *nicht* → minimal *(wenig)*
minimiser *tr* 1. bagatellisieren; 2. minimieren

minorité *f* 1. ⟨Minorität *f*⟩, Minderheit *f*; 2. Minorennität *f*, Minderjährigkeit *f*
minute *f* 1. ⟨Minute *f*⟩; 2. Konzept *n*; 3. *Jur* Urschrift *f*, Original *n*
mode I. *f* ⟨Mode *f*⟩; II. *m* Art *f* und Weise *f*; Modus *m auch Gramm*
modérateur *m Mech* Regulator *m*, Regelungsvorrichtung *f*
● *nicht* → Moderator *(Radio, TV)*
modique *Adj* mäßig, bescheiden
● *nicht* → modisch
moloch *m eine Art* Eidechse
● *nicht* → Moloch
moniteur *m* Betreuer *m*; Aufsicht(sperson) *f*
● *nicht* → Monitor
monitor *m veralt* Panzerschiff *n*
● *nicht* → Monitor
monture *f* Reittier *n*
● *nicht* → Montur
moral *m* 1. ⟨Moral *f*⟩, sittliches Verhalten *n*; 2. Stimmung *f*
morale *f* Moral *f*, Sittenlehre *f*
morphine *f* Morphium *n*
morphinomane *m* Morphinist *m*
morphologie *f* 1. ⟨Morphologie *f*⟩; 2. *Anat* Körperbau *m*
motet *m* Motette *f*
motricité *f Biol* Motorik *f*
muscade *f* Muskat(nuß) *m(f)*
muscat *m* I. *Adj* Muskat(eller)-; II. *Subst/m* Muskateller(traube, -wein) *m(f, m)*
● *nicht* → Muskat *(Nuß)*
muséum *m* naturkundliches Museum *n*
● *nicht* → Museum *(allg)*

N

narcissisme *m Psych* Narzißmus *m*
natron *m* kohlensaures Natron *n*
● *nicht* → Natron
nature *Adj unv* 1. *fam* natürlich; 2. *Kochk* naturell; **café** *m* ~ Kaffee *m* schwarz; **un whisky** ~ ein Whisky pur
naturel *m* 1. ⟨Naturell *n*⟩; 2. Natürlichkeit *f*; 3.: **au** ~ *Kochk* naturell, ohne Zutat(en)
● *nicht* → naturell *(Adj)*
nécrologe *m* 1. Totenregister *n*; 2. *veralt* ⟨Nekrolog *m*⟩
nécrologie *f* Nekrolog *m*, Nachruf *m*
nécrologue *m* Verfasser *m* eines Nekrologs
net *Adj* 1. sauber, rein; klar, offen; 2. netto
● *nicht* → nett
névro- *in Zus immer* neuro-, Neuro-
niche 1. ⟨Nische *f*⟩; 2. Hundehütte *f*
nippes *f/Pl* abgetragene Kleider *n/Pl*
● *nicht* → Nippes
nominal *Adj* nominell, Nominal-
normaliser *tr* 1. ⟨normalisieren⟩; 2. *Tech* normen, normieren
note *f* 1. *i. v. B.* ⟨Note *f*⟩; 2. Rechnung *f*; 3. *meist:* ~**s** *Pl* Mitschrift *f*
notice *f* 1. (kurzes) Vorwort *n*; 2. ⟨Notiz *f*⟩, Hinweis *m*
nouvelliste *m* 1. *Lit* Novellist *m*; 2. *Ztgsw* Nachrichtenredakteur *m*
numéro *m* 1. ⟨Nummer *f*⟩, Zahl *f*; 2. *fam* (drollige) Type *f*, Original *n*
numismate *m* Numismatiker *m*

O

objectif *m* 1. ⟨Objektiv *n*⟩; 2. *(Bau-, Jugend-)*Objekt *n;* 3. Ziel *n*
octroyer *tr* gewähren, bewilligen
● *nicht* → oktroyieren *(aufdrängen)*
offerte *f Rel* Opfergebet *n*
● *nicht* → Offerte
officiel *Adj:* **le Journal** ~ das Gesetzblatt
officier *m* 1. ⟨Offizier *m*⟩; 2. Beamter *m*
omnibus *m:* **(train** *m)* ~ Personenzug *m*
● *nicht* → Omnibus
opérateur 1. ⟨Operateur *m*⟩, Chirurg *m*; 2. *Film* Kameramann *m*; 3. Funker *m*
opératoire *Adj* operativ
opérer *tr* 1. ⟨operieren⟩; 2. bewirken; 3.: **s'~** stattfinden, vor sich gehen
optimiser *tr* optimieren
oratoire *m* Betraum *m*
● *nicht* → Oratorium
orbite *f* 1. *Astr* Orbit *m*, (Erd-)Umlaufbahn *f*; 2. *Anat* Orbita *f*, Augenhöhle *f*
orchestre *m* 1. ⟨Orchester *n*⟩, Kapelle *f;* 2. *Theat* Parkett *n*
ordinaire *Adj* gewöhnlich, alltäglich
● *nicht* → ordinär
ordonnance *f* 1. ⟨Ordonnanz *f*⟩; 2. *Med* Rezept *n*
organisme *m* 1. ⟨Organismus *m*⟩; 2. Institution *f*, Gesellschaft *f*; Gremium *n*
original *Adj* 1. ursprünglich, echt, Original-; 2. originell, einmalig (in seiner Art)
originel *Adj* ursprünglich, Ur-; **péché** *m* ~ *Rel* Erbsünde *f*
● *nicht* → originell

orthographe *f* Orthographie *f*, Rechtschreibung *f*
orthographie *f Arch* Aufriß *m*
● *nicht* → Orthographie
orthopédiste *m* Orthopäde *m*

P

pactiser *intr* paktieren
palais *m* 1. Palast *m*, Schloß *n*; 2. *Anat* Gaumen *m*
panne *f* 1. ⟨Panne *f*⟩; 2. *Theat* unbedeutende Rolle *f*
parade *f* 1. Schau *f*, Zur-Schau-Stellung *f*; 2. *selten* ⟨Parade *f*⟩, Vorbeimarsch *m*, Defilé *n*
paradis *m* 1. ⟨Paradies *n*⟩; 2. *Theat* (obere) Loge *f*
paradoxal *Adj* paradox
paralysie *f Med* Paralyse *f*
paratyphoïde *f* Paratyphus *m*
parlement *m* Parlament *n*
parodique *Adj* parodistisch
parole *f* 1. Wort *n*; 2. *Ling* Rede *f*
● *nicht* → Parole
parquet *m* 1. ⟨Parkett *n*⟩, Parkettboden *m*; 2. *Jur* Staatsanwaltschaft *f*
parterre *m* 1. Blumenbeet *n*; 2. *Theat* Parkett *n*
● *nicht* → Parterre
parti *m* 1. *Pol* Partei *f*; 2.: **un beau ~** eine gute Partie *Heirat*
partie *f* 1. Teil *m*; 2. ⟨Partie *f*⟩, Ausflug *m* 3. *Mus* ⟨Partie *f*⟩, Rolle *f*; 4. *Jur* Partei *f*; 5. Fach *n*, (Wissens-)Gebiet *n*
partisan *m* 1. Anhänger *m*, Befürworter *m*; 2. ⟨Partisan *m*⟩
partition *f Mus* Partitur *f*
partout *Adv* überall
● *nicht* → partout

passe *m* Nachschlüssel *m*
● *nicht* → Paß
passe-partout *m* 1. Nachschlüssel *m*, Dietrich *m*; 2. ⟨Passepartout *n*, *m*⟩; 3. *übertr, adjektivisch angewandt* zu allem passend
patent *Adj* offenbar
● *nicht* → patent
pathétisme *m* Pathetik *f*, Pathos *n*
patron *m* 1. Unternehmer *m*, Chef *m*; 2. *Med* Professor *m*, Chefarzt *m einer Klinik*; 3. Betreuer *m*; ~ **de thèse** Doktorvater *m*; 4. *veralt* (Schutz-)⟨Patron *m*⟩; 5. Muster *n*, Schablone *f*
pauser *intr* 1. *veralt Mus* pausieren; 2. **faire** ~ **q.** jmdn. warten lassen *od* sitzenlassen
pavillon *m* 1. ⟨Pavillon *m*⟩; (Messe-)Halle *f*; 2. *allg* kleines Häuschen *n auf dem Land, am Stadtrand*; 3. Flagge *f*
pénible *Adj* 1. mühsam, schwer, qualvoll; 2. *Charakter* schwierig
● *nicht* → penibel
pension *f* 1. *i. v. B.* ⟨Pension *f*⟩; 2. (Schüler-)Internat *n*
pensum *m veralt Schule* Strafarbeit *f*
● *nicht* → Pensum
perron *m Arch* Freitreppe *f*
● *nicht* → Perron
persil *m Bot* Petersilie *f*
personnalité *f* 1. Persönlichkeit *f*, Person *f*; 2. *veralt* (verletzende) Anspielung *f auf jmdn.*
personnel *m* Personal *n*
pertinent *Adj* relevant
pharmacie *f* 1. Apotheke *f*; 2. ⟨Pharmazie *f*⟩
phénomène *m* 1. ⟨Phänomen *n*⟩ *auch übertr*; 2. *verächtl* Monstrum *n*
philatélique *Adj* philatelistisch

photogène *Adj veralt* lumineszierend, Licht ausstrahlend
● *nicht* → photogen
photogénique *Adj* photogen
physionomie *f* Physiognomie *f*
physique *Adj* 1. physikalisch; 2. ⟨physisch⟩
pincette *f* 1. *Uhrmacher* Pinzette *f*; 2. *auch:* ~**s** *Pl* Feuerzange *f*
piqué *Adj* 1. *umg* (ein wenig) verrückt; 2. *Wein* sauer
● *nicht* → pikiert
pistole *f* ⟨Pistole *f*⟩ *alte Münze*
plan *m* 1. *i. v. B.* ⟨Plan *m*⟩; 2.: **au premier** ~ im Vordergrund; **au deuxième** ~ im Hintergrund; **sur le** ~ *mit Adj* auf *mit Adj* Gebiet, Ebene
plantation *f* Plantage *f*
plaquette *f* 1. ⟨Plakette *f*⟩; 2. *Buchw* kleiner, schmaler Band *m*; ~ **de vers** (schmales) Gedichtbändchen *n*
plastique I. *f* ⟨Plastik *f*⟩, Bildhauerkunst *f*; II. *m* Plast *m*, Kunststoff *m*
plateau *m* 1. Tablett *n*; 2. Waagschale *f*; 3. *Geogr* ⟨Plateau *n*⟩; 4. *Theat, Film* Bühne *f*; Podium *n*; *Radio, TV* Studio *n*
platine I. *m* Platin *n*; II. *f* Schlüsselblech *n*; Platte *f*
plombage *m* 1. Plombieren *n*; Plombierung *f*; 2. *i. v. B.* Plombe *f*
plombé *Adj* 1. ⟨plombiert⟩; 2. *Farbe* gräulich, bläulich
poème *m* 1. Gedicht *n*; 2. ⟨Poem *n*⟩, Dichtung *f*
poésie *f* 1. ⟨Poesie *f*⟩; 2. Gedicht *n*
pointé *Adj* punktiert *auch Mus*, mit einem Punkt versehen
● *nicht* → pointiert
polémiquer *intr* polemisieren
polémiste *m* Polemiker *m*
policier *m* 1. Polizist *m*; 2. *kurz für* **roman** *m* ~ Krimi *m*
pollution *f* 1. *Med* ⟨Pollution *f*⟩; 2. *mod* (Umwelt-)Verschmutzung *f*; ~ **de l'air (de l'eau)** Luft-(Wasser)Verschmutzung *f*
pommade *f* 1. Heilsalbe *f*; 2. *veralt* ⟨Pomade *f*⟩

porto *m* Portwein *m*
● *nicht* → Porto
portraiturer *tr* porträtieren
poste I. *m* 1. Posten *m*, Stelle *f*, (Arbeits-)Platz *m*; ~ **(de radio)** Radioapparat *m*, Rundfunkempfänger *m*; 2. *Mil* Posten *m*; II. *f*: **(bureau** *m* **de)** ~ Post(amt) *f(n)*
poster *tr* 1. postieren; 2. *Brief u. ä.* auf die *od* zur Post bringen
potence *f* Galgen *m*
● *nicht* → Potenz
potentiel *m* Potential *n*
prairie *f* 1. Wiese *f*; 2. ⟨Prärie *f*⟩
praline *f* (in Zucker) gebrannte Mandel *f*
● *nicht* → Praline
praliné *Adj*: **amandes** *f/Pl* **~es** in Zucker gebrannte Mandeln *f/Pl*; **chocolat** *m* ~ Mandelschokolade *f*; **glace** *f* **~e** Mandeleis *n*
● *nicht* → Praline, Praliné, Pralinee
praticant *m Rel* Person *f*, die die religiösen Vorschriften genau beachtet
● *nicht* → Praktikant
pratique *f* 1. Praxis *f*, Erfahrung *f*; 2. Kunde *m*
précis *m* Abriß *m*, kurze Abhandlung *f*
préfet *m* Präfekt *m*
préparation *f* 1. Präparierung *f*, ⟨Präparation *f*⟩; 2. *Med* Präparat *n*
primat *m* 1. Primas *m Bischof*; 2. ⟨Primat *n*, *m*⟩, Vorrang *m*
principes *m/Pl* 1. ⟨Prinzipien *n/Pl*⟩, Grundsätze *m/Pl*; 2. Anfangsgründe *m/Pl des Wissens*
problème *m* 1. ⟨Problem *n*⟩; 2. *Math* Aufgabe *f*
producteur *m* Produzent *m auch Film*
professeur *m* 1. *allg* Lehrer *m*; 2. *spez*: ~ **(de Faculté** *od* **de l'Université)** Professor *m*

profilé *Adj Tech* profiliert, Profil-
profiler, se *refl* sich *als Schatten, in Umrissen* abzeichnen, im Profil erscheinen
● *nicht* → profilieren, sich
profiter *intr* 1. ⟨profitieren⟩; ~ **à q.** jmdm. nützen, jmdm. etwas einbringen; 2. *fam Kinder* sich entwickeln, wachsen
progressif *Adj* fortschreitend
● *nicht* → progressiv
progressiste *Adj* progressiv, fortschrittlich
promotion *f* 1. Förderung *f;* ~ **sociale** soziale Aufstiegsmöglichkeit(en) *f(Pl)*; 2. Jahrgang *m in einer Ausbildungsstätte*; 3. *Hdl* Preisnachlaß *m*, Preissenkung *f*; 4. Beförderung *f*
● *nicht* → Promotion
prompt *Adj* schnell, flink; ⟨prompt⟩; **être** ~ **à qch.** schnell mit etw. bei der Hand sein; **avoir la main** ~**e** eine lockere Hand haben; **sa joie fut** ~**e** seine *bzw.* ihre Freude war nur von kurzer Dauer
pronostic *m* Prognose *f*
prophylaxie *f* Prophylaxe *f*
protestation *f* Protest *m*
provision(s) *f(Pl)* 1. Proviant *m*; 2. *Fin* ⟨Provision *f*⟩
psychanalyse *f* Psychoanalyse *f*
publiciste *m veralt* politischer Schriftsteller *m*, ⟨Publizist *m*⟩; Journalist *m*
pulmonaire *Adj Med* pulmonal
pyrotechnie *f* Pyrotechnik *f*

Q

quai *m* 1. Kai *m*; 2. Bahnsteig *m*
quantum *m Phys* Quant *n*; **théorie** *f* **des quanta** Quantentheorie *f*
● *nicht* → Quantum *(allg)*
quarantaine *f* 1. ⟨Quarantäne *f*⟩; 2. etwa vierzig; 3. Vierziger *Pl Lebensalter*
quartier *m* Wohnviertel *n*, Stadtteil *m*
● *nicht* → Quartier *n*
quitter *tr* verlassen
● *nicht* → quittieren *(Rechnung)*
aber: ~ le service = den Dienst quittieren

R

race *f* 1. ⟨Rasse *f*⟩; 2. *allg* Art *f*, Sorte *f*
rachitisme *m* Rachitis *f*
radio *f* 1. ⟨Radio *n*⟩, Rundfunk *m*; 2. *kurz für* **radiographie** *f* Röntgenaufnahme *f*
radius *m Anat* ⟨Radius *m*⟩, Speiche *f*
raffinement *m* Raffinesse *f*
raffiner I. *tr* ⟨raffinieren⟩; II. *intr* tüfteln
rang *m* 1. Reihe *f*, 2. Rang(ordnung) *m(f)*; 3. Sitzreihe *f*
rasage *m* Rasur *f*
rasance *f Ballistik* Rasanz *f*
● *nicht* → Rasanz *(umg)*
rasant *Adj* 1. *Geschoß* den Boden streifend; 2. *fam* langweilig
● *nicht* → rasant *(umg)*

réaliser *tr* 1. ⟨realisieren⟩; 2. *umg* begreifen, gewahr werden
rebelle *Adj* 1. ⟨rebellisch⟩; 2.: **maladie** *f* ~ hartnäckige Krankheit *f*
recenser *tr Bevölkerung* zählen
● *nicht* → rezensieren
recension *f* kritische Textausgabe *f*; *selten* Rezension *f*
réclamer *tr* 1. ⟨reklamieren⟩; 2. beanspruchen, verlangen
rédaction *f* 1. ⟨Redaktion *f*⟩; 2. *Schule* Aufsatz *m*
réel *Adj* real, wirklich
● *nicht* → reell
référence *f*: **ouvrage** *m* **de** ~ Nachschlagewerk *n*; **faire** ~ **à un ouvrage** auf ein Werk verweisen; ~**s** *Pl* 1. Literaturhinweise *m/Pl*; 2. ⟨Referenzen *f/Pl*⟩
refrain *m* 1. ⟨Refrain *m*⟩; 2. *übertr:* **le même** ~ die alte Leier
régal *m* Festmahl *n*; Lieblingsgericht *n*; Delikatesse *f*
● *nicht* → Regal
régie *f* 1. Verwaltung *f*, Leitung *f*; 2.: **Régie** staatlicher Betrieb *m in Frankreich*
● *nicht* → Regie *(Theat, Film)*
régime *m* 1. ⟨Regime *n*⟩; 2. *Med* Diät *f*; 3. *Gramm* Objekt *n*; Rektion *f*
régisseur *m* 1. Verwalter *m*, Leiter *m*; 2. *Theat, Film, TV* Intendant *m*
● *nicht* → Regisseur
règle *f* 1. ⟨Regel *f*⟩; 2. Lineal *n*
régler *tr* regulieren, regeln
régulier *Adj* 1. regulär; 2. regelmäßig
relation *f* 1. ⟨Relation *f*⟩, Beziehung *f*; 2. Erzählung *f*
relief *m* 1. ⟨Relief *n*⟩; 2. Glanz *m*; Ansehen *n*; 3.: ~**s** *Pl* Speisereste *m/Pl*
rendez-vous *m* 1. *allg* Treffen *n*, Zusammenkunft *f*; 2. Treff(punkt) *m*; 3. ⟨Rendezvous *n*⟩, Stelldichein *n*; **sur** ~ *Be-*

handlung nach Vereinbarung, auf Bestellung; **être au ~** mit dabeisein, mit von der Partie sein
renommer *tr* 1. neu ernennen; 2. preisen
● *nicht* → renommieren
rente *f kap Ges* Rente *f*
rentier *m kap Ges* Rentier *m*
réparation *f* 1. Reparatur *f*; 2. *bes:* **~s** *Pl* ⟨Reparation *f*⟩, Reparationskosten *Pl*
report *m Fin* Übertrag *m*
● *nicht* → Report *(Bericht)*
réserve *f* 1. ⟨Reserve *f*⟩; 2. Vorbehalt *m*; 3. Naturschutzgebiet *n*; 4. Reservat *n z. B. der Indianer*
résidant *Adj:* **membre** *m* **~ d'une académie** *etc.* ordentliches Mitglied *n* einer Akademie *usw.*
résidence *f* 1. *i. v. B.* ⟨Residenz *f*⟩; 2. *allg* Wohnsitz *m*; **~ secondaire** Zweitwohnung *f*, zweiter Wohnsitz *m*; 3. *Neol* (moderner) Wohnhäuserkomplex *m*
résident *m* 1. *i. v. B.* ⟨Resident *m*⟩; 2. Ausländer *m mit Wohnsitz in dem entsprechenden Land*
restant *m* Rest *m*, Rückstand *m*
● *nicht* → Restant
revanchard I. *Subst/m* Revanchist *m*; II. *Adj* revanchistisch
rhumatismal *Adj* rheumatisch
rhume *m* Schnupfen *m*; Katarrh *m*
● *nicht* → Rheuma
rigoureux *Adj* rigoros
risque *m* Risiko *n*
risqué *Adj* riskant
risquer I. *tr* ⟨riskieren⟩; II. *intr umg* Aussichten haben **(de** zu**)**
rituel *m* Ritual *n*
romantisme *m Lit, Kunst* Romantik *f*
romsteck *m* Rumpsteak *n*
rosbif *m* Roastbeef *n*

roulade *f* 1. ⟨Roulade *f*⟩; 2. *Mus* Koloratur *f*, Triller *m*
rouleau *m* Rolle *f* *Papier u. ä.*; Walze *f*; Nudelholz *n*
● *nicht* → Rouleau
route *f* Weg *m*; *selten* Route *f*; ~ **nationale** Fernverkehrsstraße *f*
routinier *Adj* routiniert
ruine *f* 1. ⟨Ruine *f*⟩; 2. Ruin *m*, Untergang *m*, Verfall *m*
ruiné *Adj* 1. ⟨ruiniert⟩; 2. verfallen
ruiner *tr* 1. ⟨ruinieren⟩; 2. *allg* zunichte machen, entkräften, hinfällig machen
rumsteck *m* Rumpsteak *n*
rustique *Adj* rustikal

S

sac *m* 1. Beutel *m*, Sack *m*; Rucksack *m*; 2. (Damen-) Handtasche *f*; 3. Schultasche *f*; Ranzen *m*
sadique *Adj* sadistisch
salamandre *f* 1. *Zool* ⟨Salamander *m*⟩; 2. Dauerbrandofen *m*
salle *f* 1. Zimmer *n*; Raum *m*; 2. ⟨Saal *m*⟩
salope *f* *pop* Schlampe *f*; Dirne *f*
● *nicht* → salopp
sanitaire *m* 1. Sanitäter *m*; 2. sanitäre Einrichtungen *f/Pl*
saur *Adj*: **hareng** *m* ~ Räucherhering *m*, Bückling *m*
sclérotique *f* *Anat* weiße harte Augapfelhaut *f*
● *nicht* → sklerotisch
scrofule *f* *Med* Skrofulose *f*
secret *m* Geheimnis *n*
● *nicht* → Sekret
sécrétion *f* 1. ⟨Sekretion *f*⟩; 2. Sekret *n*
section *f* 1. *Geom* Schnitt *m*; 2. ⟨Sektion *f*⟩, Abteilung *f*.

Gruppe *f*; 3. *Mil* Truppe *f von 30–40 Mann*; 4. Abschnitt *m Strecke, im Buch*
● *nicht* → Sektion *(Universität)*
senior *m Sport* Senior *m*
● *nicht* → senior
sérieux I. *Adj* 1. *Menschen* ernst; zuverlässig; solide; 2. *Sachen* ernst(haft); 3. *Gefahr, Krankheit* ernst, schlimm; II. *Subst/m* Ernst(haftigkeit) *m(f)*; Seriosität *f*, Solidität *f*
service *m* 1. Dienst *m*; ⟨Service *m*⟩; 2. Gang *m*, Speise(n-folge) *f*; 3. ⟨Service *n*⟩ *Geschirr*
serviette *f* 1. ⟨Serviette *f*⟩; 2. Tasche *f*, Kollegmappe *f*
sexe *m* 1. Geschlecht *n*; 2. Sex *m*, Sexualität *f*
sexologie *f* Sexuologie *f*
sextuor *m* Sextett *n*
simple *Adj* einfach
● *nicht* → simpel
simulateur *m* 1. Simulant *m*; 2. *Tech* ⟨Simulator *m*⟩
soda *m* Soda-, Selter[s]wasser *n*
● *nicht* → Soda *n (Chem)*
sodium *m* Natrium *n*
solide *Adj* 1. fest (*Ggs* flüssig); dauerhaft; robust; 2. *Person* stark, robust
● *nicht* → solide
somme I. *f* Summe *f*; II. *m* Schläfchen *n*, Schlummer *m*
spécial *Adj* 1. speziell, Spezial-; eigen; 2. *fam:* **c'est un peu ~** das ist etwas sonderbar
spécialisé *Adj:* **ouvrier** *m* ~ (*Abk* O. S.) angelernter Arbeiter *m* (*nicht* Facharbeiter *m* = ouvrier *m* qualifié)
spectacle *m* Veranstaltung *f*, Vorstellung *f*
● *nicht* → Spektakel
spectre *m* 1. Gespenst *n*; 2. Spektrum *n*
spéculateur *m* Spekulant *m*
spirite 1. *Adj* spiritistisch; 2. *m* Spiritist *m*

sporadicité *f* Sporadität *f*
standard *m* 1. ⟨Standard *m*⟩; 2. Fernsprechanlage *f*
station *f* 1. *i. v. B.* ⟨Station *f*⟩; 2. Bad(eort) *n(m)*; ~ **climatique** Badeort *m*, Seebad *n*; ~ **thermale** Thermalbad *n*
stationnaire *Adj* 1. ⟨stationär⟩; gleichbleibend; beständig; 2.: **maladie** *f* ~ schleichende Krankheit *f*
stationner *intr* parken
● *nicht* → stationieren
statu quo *m* Status quo *m*
stature *f* 1. ⟨Statur *f*⟩; 2. *übertr* Format *n*, Bedeutung *f*
statut *m* 1. ⟨Statut *n*⟩; 2. Status *m*
stipendié 1. *Adj* gekauft, korrumpiert, bestochen; 2. *Subst/m* Bestochener *m*, gekauftes Subjekt *n*
● *nicht* → Stipendiat
stipendier *tr mit Geld* bestechen
studio *m* 1. ⟨Studio *n*⟩, Atelier *n*; 2. *mod auch* (großes) Einraumwohnhaus *n*
suffixer *tr Ling* suffigieren
sujet *m* 1. *Kunst, Lit* ⟨Sujet *n*⟩; 2. *Gramm* Subjekt *n*; 3. Person *f*
sulfamide *m Chem* Sulfonamid *n*
syntaxique *Adj* syntaktisch

T

tabellaire *Adj Typ* Täfelchen-
● *nicht* → tabellarisch
tablette *f* 1. *Archäologie* (Schreib-)Täfelchen *n*; 2. kleines Brett *n*, (herausklappbares) Tischchen *n z. B. im Flugzeug*; 3. Pastille *f*
● *nicht* → Tablette

taille *f* 1. Schnitt *m*; Schneiden *n*; 2. Wuchs *m*, Statur *f*, Größe *f*; 3. ⟨Taille *f*⟩
taillé *Adj:* **bien** ~ gut gewachsen
● *nicht* → tailliert
tante *f:* 1. ⟨Tante *f*⟩; 2.: **(ma)** ~ *fam* Leihhaus *n*
technique *Adj* 1. ⟨technisch⟩; 2. **mot** *m* **(terme** *m***)** ~ Fachwort *n* (-ausdruck *m*)
télégraphiste *m* 1. ⟨Telegrafist *m*⟩; 2. Telegrammbote *m*
tempérament *m* 1. ⟨Temperament *n*⟩; 2. Persönlichkeit *f*; **c'est un** ~ das ist eine starke Persönlichkeit; 3. Sinnlichkeit *f*
temporal *Adj Anat* Schläfen-, zur Schläfe gehörend
● *nicht* → temporal
temporel *Adj* temporal, zeitlich
ténor *m* 1. *Mus* ⟨Tenor *m*⟩; 2. As *n*, Spitzenkönner *m*
tensiomètre *m Tech* Tensometer *n*
terminus *m* Endstation *f*
● *nicht* → Terminus *m*
terrine *f* 1. ⟨Terrine *f*⟩, tiefe Schüssel *f*; 2. *Kochk:* ~ **de lapin** Hasenragout *n mit Schweinefleisch, Ei, Trüffeln, Kognak u. a.;* ~ **de canard** Entenragout *n*; 3. *pop* Kopf *m*
tester I. *intr Jur* sein Testament machen; II. *tr Neol* testen
● *nicht* → testieren
tétanos *m Med* Tetanus *m*
théâtre *m* 1. ⟨Theater *n*⟩; 2. *allg* Schauplatz *m eines Geschehens*
thème *m* 1. ⟨Thema *n*⟩; 2. Übersetzung *f aus der Muttersprache in die Fremdsprache*
théorique *Adj* theoretisch
thèse *f* 1. ⟨These *f*⟩; 2. *kurz für:* ~ **de doctorat** Dissertation *f*, Doktorarbeit *f*
titanesque *Adj* titanisch
titre *m* 1. Titel *m*; 2. *Ztgsw* Schlagzeile *f*

titrer I. *tr* betiteln, titulieren; II. *intr Ztgsw* als Schlagzeile bringen
torpédo *m veralt* Sportwagen *m*
● *nicht* → Torpedo
touche *f* 1. Taste *f*; 2. *Mal, Lit* Manier *f*
● *nicht* → Tusche *f*
tour I. *m* Tour *f*; II. *f* Turm *m*
traîner I. *tr* ziehen; II. *intr* 1. herunterhängen; 2. trödeln; III.: **se ~** sich (hin)schleppen; sich in die Länge ziehen
● *nicht* → trainieren
traîneur *m* 1. Schlepper *m*; 2. *übertr* Bummelant *m*; 3. *Bergb* Fördermann *m*
● *nicht* → Trainer
trajet *m* 1. Fahrt *f*; 2. Strang *m z. B. eines Nerven*
● *nicht* → Trajekt
tralala *m* 1. Klimbim *m*; 2. *fam:* **en grand ~** in vollem Staat, auffällig, aufgedonnert
trancher *tr* schneiden
● *nicht* → tranchieren *(Kochk)*
transparent *m* 1. ⟨Transparent *n*⟩ *durchsichtiges Bild*; 2. Linienblatt *n*
tricotage *m* Stricken *n*
● *nicht* → Trikotage(n)
trillion *m* 1. *ehem* Billion *f* (10^{12}); 2. *seit 1948* ⟨Trillion *f*⟩ (10^{18})
trinquer *intr* 1. *beim Trinken* anstoßen; 2. *pop* trinken, saufen
tropical *Adj* tropisch
typhoïde *f* Typhus *m*
typhus *m* Flecktyphus *m*

U

ultimo *Adv* zuletzt
● *nicht* → Ultimo
urane *m* Uranoxid *n*
● *nicht* → Uran

V

Valence *f Eig* 1. Valencia *n (Spanien)*; 2. Valence *n (Südfrankreich)*
vase I. *m* 1. *allg* Topf *m*; 2. Vase *f*; II. *f* Schlamm *m*
véhicule *m* 1. *allg* Fahrzeug *n (nicht verächtl)*; 2. *übertr* Motor *m*, Träger *m*, Beförderer *m*, Organ *n*
version *f* 1. ⟨Version *f*⟩, Fassung *f*; 2. Übersetzung *f in die Muttersprache*
veste *f* 1. Jacke *f*, Sakko *n*; 2. *fam* Mißerfolg *m*
● *nicht* → Weste
vétéran *m* 1. (Kriegs-)Veteran *m*; 2. *umg* alter Hase *m erfahrener Fachmann*
Vienne *f* 1. Wien *n (Österreich)*; 2. Vienne *n (Frankreich)*
Viennois *m* 1. Wiener *m*; 2. Vienner *m (= aus Vienne)*
vignette *f* 1. *Typ* ⟨Vignette *f*⟩; 2. *Kfz* Stempelmarke *f*; 3. Abzeichen *n*
violon *m* 1. Violine *f*; 2. *pop* Gefängnis *n*, Kittchen *n*
violoncelle *m* (Violon-)Cello *n*
vireux *Adj* giftig
● *nicht* → virös
visage *m* Gesicht *n*
● *nicht* → Visage *(umg verächtl)*

visitation *f Rel* Heimsuchung *f*
● *nicht* → Visitation
volume *m* 1. ⟨Volumen *n*⟩; 2. *Buchw* Band *m*
vulgaire *Adj* 1. *verächtl* ⟨vulgär⟩; 2. *Ling* volkstümlich, Volks-; 3. *vor Subst* irgendein, ein (ganz) gewöhnlicher; **un ~ passant de la rue** irgendein Straßenpassant
vulgarisation *f:* **de ~** populärwissenschaftlich

Z

zinc *m* 1. Zink *n*; 2. *pop* Schanktisch *m*, Theke *f*

Wörter mit orthographischen Besonderheiten

agrégat *m*	Aggregat *n*
agresseur *m*	Aggressor *m*
agressif *Adj*	aggressiv
agression *f*	Aggression *f*
alcool *m*	Alkohol *m*
annuler *tr*	annullieren *tr*
attrape *f*	Attrappe *f*
avarie *f*	Havarie *f*
bon mot *m*	Bonmot *n*
carafe *f*	Karaffe *f*
cigare *m*	Zigarre *f*
confort *m*	Komfort *m*
correspondance *f*	Korrespondenz *f*
détective *m*	Detektiv *m*
diphtérie *f*	Diphtherie *f*
diphtongue *f*	Diphthong *m*
étape *f*	Etappe *f*
faux pas *m*	Fauxpas *m*
favori *m*	Favorit *m*
girafe *f*	Giraffe *f*
guitare *f*	Gitarre *f*
horizon *m*	Horizont *m*
madone *f*	Madonna *f*
mélancolie *f*	Melancholie *f*
perruque *f*	Perücke *f*
plate-forme *f*	Plattform *f*
rhum *m*	Rum *m*
robinsonnade *f*	Robinsonade *f*
rythme *m*	Rhythmus *m*

style *m*	Stil *m*
symétrie *f*	Symmetrie *f*
symétrique *Adj*	symmetrisch
tendance *f*	Tendenz *f*
trône *m*	Thron *m*
troupe *f*	Truppe *f*
wagon *m*	Waggon *m*
week-end *m*	Weekend *n*

Wörter mit unterschiedlichem Genus

amulette *f*	Amulett *n*
apostrophe *f*	Apostroph *m*
auto(mobile) *f*	Auto(mobil) *n*
axe *m*	Achse *f*
bandage *m*	Bandage *f*
bar *m*	Bar *f*
bastion *m*	Bastion *f*
bauxite *f*	Bauxit *n*
box *m*	Box *f*
buste *m*	Büste *f*
carrosse *m*	Karosse *f*
cèdre *m*	Zeder *f*
chiffre *m*	Chiffre *f*
chlorophylle *f*	Chlorophyll *n*
cigare *m*	Zigarre *f*
cloaque *m*	Kloake *f*
cocaïne *f*	Kokain *n*
compote *f*	Kompott *n*
contrôle *m*	Kontrolle *f*

coryphée *m*	Koryphäe *f*
dividende *m*	Dividende *f*
domaine *m*	Domäne *f*
épisode *m*	Episode *f*
folklore *m*	Folklore *f*
fricassée *f*	Frikassee *n*
gang *m*	Gang *f Bande*
geste *m*	Geste *f*
girl *f*	Girl *n*
groupe *m*	Gruppe *f*
hémisphère *m*	Hemisphäre *f*
hit-parade *m*	Hitparade *f*
hormone *f*	Hormon *n*
idole *f*	Idol *n*
interview *f*	Interview *n*
jeep *f*	Jeep *m*
liqueur *f*	Likör *m*
manœuvre *f*	Manöver *n*
masque *m*	Maske *f*
métro *m*	Metro *f*
microbe *m*	Mikrobe *f*
million *m*	Million *f*
molécule *f*	Molekül *n*
mosaïque *f*	Mosaik *n*
narcisse *m*	Narzisse *f*
nicotine *f*	Nikotin *n*
opéra *m*	Oper *f*
panthère *f*	Panther *m*
pantoufle *f*	Pantoffel *m*
pédale *f*	Pedal *n*
photo *f*	Photo *n*
pipe-line *m*	Pipeline *f*
placenta *m*	Plazenta *f*

planète *f*	Planet *m*
platane *m*	Platane *f*
poudre *f*	Puder *m*
radio *f*	Radio *n*
rallye *m*	Rallye *f*
Rhône *m*	Rhône *f*
rôle *m*	Rolle *f*
Sahara *m*	Sahara *f*
show *m*	Show *f*
star *f*	Star *m*
terreur *f*	Terror *m*
tilde *m*	Tilde *f*
tour *m*	Tour *f*
trophée *m*	Trophäe *f*
tumeur *f*	Tumor *m*
uniforme *m*	Uniform *f*
urine *f*	Urin *m*
vamp *f*	Vamp *m*
vase *m*	Vase *f*
vitamine *f*	Vitamin *n*
vocable *m*	Vokabel *f*
yacht *m*	Yacht *f*

Folgende französische Wörter weisen gegenüber den deutschen Entsprechungen leicht zu übersehende **Ausspracheunterschiede** auf:

album [albɔm]
almanach [almana]
aspect [aspɛ]
(–)bourg [bur]
bureaucratie [byrokrasi]
chaos [kao]
clown [klun]
démenti [demɑ̃ti]
démocratie [demɔkrasi]
diplomatie [diplɔmasi]
dompteur [dɔ̃tœr]
écho [eko]
élan [elɑ̃]
exact [ɛgza(kt)]
Goths [go] – (die) Goten
grand hôtel [grɑ̃totɛl]
maximum [maksimɔm]
minimum [minimɔm]
nerf [nɛr]
pointe [pwɛ̃t]
pot-pourri [popuri]
pouls [pu]
record [rəkɔr]
référendum [referɛ̃dɔm]
respect [rɛspɛ]
ressentiment [rəsɑ̃timɑ̃]
ressort [rəsɔr]
ressource [rəsurs]
rhum [rɔm]
sculpture [skyltyr]
secrétaire [s(ə)kretɛr]
suspect [syspɛ]
symposium [sɛ̃pɔzjɔm]
tabac [taba]
yacht [jak *od* jɔt]
zoo [zɔo]

Literaturnachweis

Als Grundlage für die Erarbeitung des Wörterbuchs dienten:

Der Große Duden. Neubearbeitung. Leipzig 1976.
Großes Fremdwörterbuch. Leipzig 1977.
Kleines Fremdwörterbuch. Leipzig 1976.
Mater, E.: Rückläufiges Wörterbuch der deutschen Gegenwartssprache. Leipzig 1970.
Petit Larousse illustré. Paris 1974.
Petit Robert. Dictionnaire alphabétique et analogique de la langue française. Paris 1970.

Außerdem wurden folgende Werke konsultiert:

Ernst, R.: Wörterbuch der industriellen Technik. Band III: Deutsch-Französisch. Wiesbaden 1959.
Goldhahn, I. u. *W.-E.:* Kleines medizinisches Wörterbuch. Leipzig 1972.
Klein, H.-W.: Schwierigkeiten des deutsch-französischen Wortschatzes. Germanismen – faux amis. Stuttgart 1968.
Langenscheidts Großwörterbuch Französisch. Teil II: Deutsch-Französisch. Völlige Neubearbeitung. Berlin, München, Zürich 1968.
Dictionnaire *Quillet* de la langue française. Paris 1968–1970 (8 Bände).
Synonymwörterbuch. Sinnverwandte Ausdrücke der deutschen Sprache, hrsg. von *H. Görner* u. *G. Kempcke.* Leipzig 1973.